Erläuterungen und Dokumente

Gotthold Ephraim Lessing
Emilia Galotti

Von Jan-Dirk Müller

Philipp Reclam jun. Stuttgart

Lessings »Emilia Galotti« liegt unter Nr. 45 in Reclams Universal-Bibliothek vor. Die Seiten- und Zeilenangaben in den Erläuterungen beziehen sich auf diese Ausgabe

Universal-Bibliothek Nr. 8111

Bibliographisch ergänzte Ausgabe 1993
Satz: B. Baumgarten, Esslingen a. N.
Druck und Bindung: Reclam, Ditzingen
Printed in Germany 1993

ISBN 3-15-008111-4

I. Wort- und Sacherklärungen

Personen

Die Figuren des Dramas sind von Lessing erfunden. Über lockere Beziehungen zu bestimmten historischen Verhältnissen vgl. Kap. II.

Erster Aufzug. Erster Auftritt

5,2 *Szene:* griech. σκηνή, Zelt. Im antiken Theater die Bühnenwand, der Spielhintergrund der Tragödie (urspr. viell. ein persisches Königszelt), der mit malerischen und architektonischen Mitteln zur Palastfassade ausgestattet wurde. Von daher überhaupt der Schauplatz im Theater, die Bühne und in weiteren Bedeutungen die Dekoration, der Auftritt, die Unterteilung eines Schauspielaktes.
Kabinett: kleiner Raum, Nebenzimmer, von frz. cabinet.
Prinz: von lat. princeps, ›der (im Rang) Erste‹, über afrz. prince bedeutet bis zum Beginn des 19. Jh.s ›Fürst‹. Erst dann herrschte die sekundär entwickelte Bedeutung ›nichtregierendes Mitglied eines regierenden Hauses‹ ausschließlich.

5,5 *durchläuft:* überfliegt.

5,11 *Bruneschi:* Spr. bruneski.

5,13 *lieset:* veraltet; noch vorhandener Flexionssilbenvokal, vgl. auch I, 3, S. 7, 8 *gemalet*; I, 4, S. 7, 17 *zurechtstellet*, 8, 7 *zeiget*, 8, 12 *verziehet*, 9, 17 *ziemet*, 10, 31 *kehret*; I, 5, S. 11, 27 *drehet* u. ö.
gefodert: Nebenform von ›fordern‹, die im 14. Jh. vom Ostmd. ausgeht und bis ins 18. Jh. in der Hochsprache überwiegt.

5,19 *Marchese:* (spr. markēse) ital. Adelstitel, im Range etwa zwischen Herzog und Graf, zurückgehend auf Markgraf (in der Karolingerzeit königlicher Statthalter in einer Grenzprovinz, der mit besonderen Vollmachten ausgestattet war).

5,26 *geschickt:* Man hat den Marchese rufen lassen; eigtl.: ist geschickt worden. Die Aussparung des Hilfsverbs ist typisch für dic Sprache der deutschen Klassiker, vgl. auch I, 2, S. 6, 26 *befohlen* (haben); I, 4, S. 9, 34 *verlorengegangen* (ist); I, 8, S. 18, 4 *erbrochen* (habe) u. ö.

5,29 *Läufer:* Die Läufer eilten, wie später die *Vorreiter* (vgl. II, 3, S. 22, 1), dem Wagen ihres Herrn voran; sie wurden auch als Boten eingesetzt.
5,31 *Villa:* lat., vornehmes Landhaus; erst seit dem 19. Jh. ›im Garten freistehendes Einfamilienhaus‹.

Zweiter Auftritt

6,16 *die Kunst geht nach Brot:* nach Luther, »Tischreden«: »So wohlfeil ist jetzt die Kunst, daß sie schier muß nach Brot gehen.« Der Künstler muß zum Gelderwerb und Lebensunterhalt auf Bestellung arbeiten.
6,22 *nicht vieles, sondern viel:* nach dem geflügelten Wort des jüngeren Plinius (Epistolae VII, 9): »aiunt multum legendum esse, non multa«, verkürzt: multum, non multa.
6,23 *leer:* mit leeren Händen.
6,24 *Porträt:* Bildnis eines (bestimmten) Menschen in der bildenden Kunst.
6,35 *sitzen:* einem Maler zum Porträt sitzen.
6,36 *Stücke:* Bilder, Gemälde (vgl. Blumenstück, Gartenstück).

Dritter Auftritt

7,2 *mag!:* nun gut! (frz. ›soit‹ nachgebildet).
7,5 *beschwerliche:* lästige.
7,8 *Grund:* Malgrund, Grundierung, der erste, unmittelbar auf die Malfläche aufgetragene Anstrich.
7,12 *Behäglicher:* mhd. behegelich; Form mit Umlaut wie ›täglich, erträglich‹ usw., während ›behaglich‹ der Bildung ›fraglich‹ entspricht, wo der lange Vokal den Umlaut hemmte; hier im Sinn von: ich fühle mich so besser.

Vierter Auftritt

7,15 f. *verwandt:* abgewandt, umgedreht.
7,18 *Schranken:* urspr. Stangen zur Abgrenzung eines Raums, von daher die Bedeutung ›Grenzen‹ (so hatte es noch im Erstdruck geheißen).
7,19 *Anzüglichsten:* Anziehendsten.
7,25 *Original:* lat., Urbild; das Modell des Bildes:
7,28 *die plastische Natur:* die Bildnerin Natur, von griech. πλάσσω, ›bilden, formen‹.

7,29 *Abfall:* im Sinne von: dies fällt gegenüber jenem ab, das Zurückbleiben hinter einer Idealvorstellung.
7,30 *den Verderb:* die Verderbnis; Verbalsubstantiv, gebildet wie ›Abfall‹ o. ä. (Erstdruck S. 248: das Verderb.)
7,32 *noch eins:* noch einmal.
7,33 *demungeachtet:* trotzdem.
8,11 *Grazie:* Göttin der Anmut; die drei Grazien (griech. Chariten) Aglaia, Euphrosyne und Thalia waren Begleiterinnen der Liebesgöttin in der Antike.
8,14 *Grimasse:* aus frz. grimace, ›Fratze‹, Verzerrung des Gesichts, viell. zunächst nur in der Bühnensprache.
8,15 f. *wollüstigen:* Zusammensetzung aus ›wohl‹ und ›lust(ec)‹ mit urspr. neutraler Bedeutung. Erst seit Ende des 19. Jh.s überwiegt der erotische Sinn; hier etwa: zügellos. *wollüstiger Spötter:* der Mund.
8,21 *hervorragenden:* im wörtlichen Sinn ›hervorstehend‹. *stier:* ablautend mit ›starren‹: starr blickend. *Medusenaugen:* Die Medusa war eine der drei Gorgonen, in der griech. Mythologie weiblichen Ungeheuern, deren furchtbarer Blick versteinerte.
8,23 *redlich:* Spiel mit der zweifachen Bedeutung von ›wahrheitsgemäß‹ und ›tüchtig‹.
8,26 *schließen:* erschließen; Simplex für Kompositum, vgl. auch I, 6, S. 15, 39 f. *vertrauen* = anvertrauen; II, 11, S. 35, 14 *zu treiben* = anzutreiben; III, 1, S. 37, 22 *gesetzt* = vorausgesetzt; IV, 1, S. 50, 25 f. *ausgefodert* = herausgefordert.
8,27 *trübsinnige Schwärmerei:* Depression; Schwärmerei: von der Vernunft nicht mehr kontrolliertes Ausschweifen des Gefühls; vgl. auch Anm. zu 48,7.
8,31 *als warm er:* ›als‹ hat bis ins 18. Jh. hinein als Vergleichspartikel dieselbe Funktion wie ›wie‹. Auffällig an der Konstruktion ist, daß das gemeinsame Vorstellungsglied des Vergleichs (warm) wiederholt wird: so warm (= begeistert), wie er es bestellt hat.
8,39 *bald:* fast, beinahe.
8,40 *Ideal:* griech., Wunschbild, erstrebtes Ziel, Vollkommenes.
9,2 *kömmt:* bis in neuere Zeit in Dialekten häufige Form mit Umlaut (ahd. queman – quimit, das unter Einfluß des w-Lautes zu ›kommen/kömmt‹ verdumpft wurde). *kömmt bei:* kommt nahe, reicht heran an.

9,3 *Vorwürfe:* Sujets, Gegenstände für den Maler.
9,7 f. *des Künstlers eigene Gebieterin:* seine Geliebte.
9,13 *verwenden:* abwenden.
9,15 *Vegghia* (spr. vẹg-gia), auch ›Veglia‹ (spr. vẹlʲa): ital., Abendgesellschaft, entstanden aus lat. Vigilia, ›Nachtwache‹.
9,16 *vorgekommen:* begegnet.
9,17 *Angaffen:* gaffen: eigtl. ›den Mund aufsperren‹, übertr. ›offenen Mundes etwas ansehen, bestaunen‹.
9,19 *Sabionetta:* Stammsitz einer Seitenlinie der Gonzaga, um den die Fürsten von Guastalla bis zur endgültigen Vereinigung (1703) einen Prozeß mit unterschiedlichem Erfolg führten. (Vgl. Danzel, Bd. II, 2, Anh. S. 4; zur Geschichte der Gonzaga vgl. Kap. II.)
9,20 *Degen:* mhd. degen, ›Krieger, Held‹; nhd. noch in ›Haudegen‹.
bieder: mhd. biderbe, ›rechtschaffen, tüchtig‹; verwandt mit ›bedürfen‹; also urspr. ›brauchbar, nützlich‹. Das Wort, das in Texten des Barock selten ist, wurde von Lessing in seiner Logau-Ausgabe als »alte, der deutschen Redlichkeit so angemessene« Bezeichnung empfohlen. In diesem Sinne tritt es dann häufig in den Schriften des Sturm und Drang auf; erst im 19. Jh. Verengung und Pejorisierung der Bedeutung zu ›bürgerlich-wohlanständig, beschränkt‹.
9,25–27 *daß man den Künstler ...:* Vgl. das 36. Stück der »Hamburgischen Dramaturgie«: »Das wahre Meisterstück, dünkt mich, erfüllet uns so ganz mit sich selbst, daß wir des Urhebers darüber vergessen; daß wir es nicht als das Produkt eines einzeln Wesens, sondern der allgemeinen Natur betrachten. [...] Ich vermute, die wahre Ursache, warum wir so wenig Zuverlässiges von der Person und den Lebensumständen des Homers wissen, ist die Vortrefflichkeit seiner Gedichte selbst« (Werke, Bd. 5, S. 163). Vgl. auch Luise in Schillers »Kabale und Liebe« I, 3: »Wenn wir ihn über dem Gemälde vernachlässigen, findet sich ja der Künstler am feinsten gelobt.«
9,26 *über sein Werk:* über seinem Werk.
9,40 *Raffael* Santi (1483–1520), ital. Maler der Renaissance, dessen Ruhm bis ins 19. Jh. den seiner Zeitgenossen, auch Michelangelos, bei weitem überstrahlte.
10,6 *Plauderei:* Nominalbildung zu ›plaudern‹, vgl. Anm. zu 70, 12.

10,28 *Schilderei:* Gemälde; mhd. schiltaere, der (Schild-) Maler. Das Wort dringt vom Ndl. ins Dt. vor; vgl. schildern.
wovor: für die.
10,30 *Kopie:* Nachahmung eines Kunstwerks (mlat. copia, ›Abschrift‹).
10,32 *versagen:* etwas wozu bestimmen, so daß es nicht mehr verfügbar ist.
11,2 *Galerie:* Bildersaal. Aus dem Ital. u. Frz., abgeleitet vom biblischen Namen Galilea, bezeichnet urspr. die Vorhalle an Kirchen, dann überhaupt einen meist offenen Anbau (u. U. mit verglasten Bogenöffnungen); von der häufigen Funktion dieses Anbaus her entwickelt sich dann die Bedeutung ›Bildersaal‹.
11,3 *Studio:* von lat. Studium, Übungsstück, Studie.
11,9 *Schatzmeister:* Verwalter des Vermögens und der Kasse.
11,10 *Porträte:* Vgl. Anm. zu 6,24. Plural zu der eingedeutschten Form ›Porträt‹ (spr. porträt), während die ans Frz. angelehnte Form ›Porträt‹ (spr. porträ) den Plural ›Porträts‹ (spr. porträs) hat.
11,14 O *des eifersüchtigen Künstlers!:* Der Genitiv neben Interjektionen gab in älterer Sprache die Veranlassung des Ausrufs an. Vgl. IV, 1, S. 49, 8 O *der mütterlichen Wut!*; IV, 3, S. 55, 18 O *des weisen Mannes.*

Fünfter Auftritt

11,18 *wohlfeil:* billig (feil: zum Verkauf stehend).
11,21 f. *Murrkopf:* brummiger, unzufriedener Mensch; murren: lautmalende Bildung für Äußerung des Unwillens.
11,26 *neidisch:* hier mit weiterer Bedeutung: den Gegenstand nur sich und keinem anderen gönnend, eifersüchtig.

Sechster Auftritt

11,33 *war ... gewärtig:* erwartete.
12,10 f. *einkömmt:* einfällt, in den Sinn kommt.
12,11 *in gutem Ernste:* in vollem Ernst, aufrichtig.
12,13 *verschworen:* durch Eid versichern, daß etwas nicht sei, man etwas nicht tun werde.
12,17 *Massa:* ital. Provinz in der Toscana.

12,18 *Händel:* was ›mit der Hand betrieben wird‹, Tun, Treiben, Angelegenheit.
12,24 *darf:* braucht.
12,34 *vermengen:* vermischen, durcheinanderbringen, verwechseln.
12,40 *Beziehung:* Anspielung, Assoziation.
13,2 *melancholisch:* aus der Heilwissenschaft des Altertums ins Mittelalter überlieferter griech. Ausdruck, der die Schwarz- und Dickblütigkeit (eigtl. ›schwarze Galle‹, vgl. Anm. zu 48,4) bezeichnet als Ursache für die Schwermut; Melancholie ist eine der vier Gemütsbeschaffenheiten des Menschen, der je nach seiner Blutzusammensetzung (worin man den Grund der Temperamente sah) Melancholiker, Sanguiniker, Phlegmatiker oder Choleriker genannt wird.
13,3 *Possen:* Unfug, närrisches Zeug. Urspr. Bosse: Beule, Höcker, erhabene Arbeit, reliefartige Verzierung, groteskes, komisches Bildwerk, dann ›komische Gebärden‹.
13,18 *Ich soll ja noch hören:* Ich muß ja noch hören, habe noch nicht gehört. Die Hilfsverben sind im 18. Jh. in ihrer Bedeutung noch nicht so festgelegt wie im Nhd. (vgl. Anm. zu 59,19).
versprochen: verlobt; vgl. auch ›versagen‹ und Anm. zu 10,32.
13,25 *Larve:* Maske; hier: Gesicht (häufig auch herabsetzend).
13,26 *Witz:* ahd. witzi, Ableitung von ›wissen‹, bezeichnet urspr. das Denkvermögen im allgemeinen, gerät im 17. Jh. unter den Einfluß der Bedeutung von frz. esprit, ›Begabung für geistreiche Einfälle‹, erst im 19. Jh. Bedeutungsverengung zu ›komischer Einfall‹; hier ›Verstand, Geist‹. Die urspr. Bedeutung des Wortes ›Witz‹ zeigt sich noch in ›Mutterwitz‹ oder ›gewitzt‹.
13,33 f. *würdiger junger Mann:* ein junger Mann, der Wertschätzung verdient.
13,35 *ihn mir verbinden:* ihn mir verpflichten, durch Ämter und Ehren an den Hof fesseln.
13,36 *darauf denken:* überlegen, wie etwas zu erreichen ist.
13,40 *Piemont:* Landschaft in den ital. Westalpen, Stammland des späteren ital. Königshauses.
14,2 *Mißbündnis:* Übersetzung von frz. Mesalliance.
14,3 *Zirkel:* Kreis.

der ersten Häuser: ›Haus‹ hier für ›Familie, Geschlecht‹, also die wichtigsten, vornehmsten Familien.

14,6 *Zeremoniell:* abgeleitet von lat. caerimonia, ›die feierliche religiöse Handlung‹: die genau zu beobachtenden Vorschriften (der feierlichen Handlung oder, wie hier, des gesellschaftlichen Umgangs).

14,13 *Zuverlässig:* ganz bestimmt.

14,24 *Er:* Indirekte Anredeform, früher ehrender als das alte ›Ihr‹, nach dem Aufkommen des ›Sie‹ bis gegen Ende des 19. Jh.s gebräuchlich gegenüber Personen weniger vornehmen Standes. Durch Verwendung des ›Er‹ wird Marinelli vom Vertrauten wieder zum Untertan: *Ich habe zu fragen;* vgl. ähnlichen Wechsel der Anredeformen III, 8, S. 47, 19.

14,28 *Guastalla:* (spr. g^uastạlla) Ort am Po, nördl. von Parma; vgl. Kap. II.

15,17 *hämisch:* verwandt mit hamo, Hülle: versteckt handelnd, heimtückisch.

15,18 *verhehlen:* verbergen, verstecken.

15,20 *meiner Sünden keine:* ungewöhnliche Wortstellung zur Verstärkung des ›keine‹ im Sinn ›keine einzige‹. Vgl. auch IV, 5, S. 57, 23 *die Entschuldigung ganz*; V, 8, S. 79, 15 *dem Richter unser aller.*

15,27 *in die Seele der Orsina schwören:* in jmdes. Seele schwören: an seiner Stelle schwören.

15,28 *schweifen:* ziellos gehen, irren.
Fährte: Ableitung von ›Fahrt‹, in dessen Sinn es früher auch gebraucht wurde, heute nur noch: Spur.

15,39 f. *vertrauen:* anvertrauen.

16,8 *Raub der Wellen:* Bild des auf dem Meer herumgetriebenen steuerlosen Schiffs, häufige Metapher für Leidenschaft. Ellipse des ›als‹ in Anlehnung an die klassischen Sprachen.

16,29 *absehe:* erkennen kann; urspr. ›durch Sehen abschätzen‹.

16,32 *raten:* Vorsorge treffen, Abhilfe schaffen (vgl. ›ich kann mir selbst raten‹).

16,35 *Streich:* Schlag, Schicksalsschlag.

16,39 *Lustschloß:* im 15.–19. Jh. Schloß zum Vergnügen und zur Erholung auf dem Land, im Gegensatz etwa zum ›Stadtschloß‹.

16,39 *Dosalo:* eigtl. Dosolo, am Po gelegen.
17,5 *Bedinge:* der Beding, Verbalsubst. wie ›der Erwerb‹, statt ›die Bedingung‹.

Siebenter Auftritt

17,15 *Pfeil:* Anspielung auf den Pfeil Amors.
17,16 *Geschmachtet:* schmachten: seit dem 14. Jh. für ›heftigen Hunger leiden‹, im 18. Jh. auch auf seelische Zustände übertragen.
17,18 *zärtliche:* weichliche, weibische.
bei einem Haar: um ein Haar.
17,22 *diese nämliche Stunde:* eben diese Stunde.
17,23 *Dominikaner:* ein vom hl. Dominikus 1216 in Toulouse gestifteter Mönchsorden.
17,33 *Dasmal:* diesmal.
17,37 f. *Vorsprecherin:* Fürsprecherin; vor und für sind im 18. Jh. lautlich und inhaltlich noch nicht im heutigen Sinn differenziert.

Achter Auftritt

18,4 *erbrochen:* geöffnet (vom Brechen des Siegels auf dem Brief).
18,5 *darauf zu verfügen:* daraufhin anzuordnen ist.
18,11 f. *die Ausfertigung ... anstehen:* Der Prinz hat auf der Bittschrift seine Zustimmung vermerkt; die förmliche Ausstellung der Bewilligung soll noch aufgeschoben werden.
18,19 *stutzig:* verwundert; von ›stutzen‹: erstaunt einhalten, bedenklich werden, Verdacht fassen.
18,25 *Anstand:* Aufschub (vgl. 18,11 *Lassen Sie ... anstehen:* warten Sie).
18,28 *ein Mehres:* ein Weiteres; ›mehr‹ wird nhd. nur noch adverbial gebraucht als Steigerung von ›viel‹, während es urspr. den Komparativ des Adjektivs mihhil, ›groß‹, vertrat.

Zweiter Aufzug. Erster Auftritt

19,6 *sprengte:* sprengen: Veranlassungswort zu ›springen‹, eigtl. ›sprengen machen‹. Hier: jagen, galoppieren, wie überhaupt vielfach mit Bezug auf das Pferd gebraucht.

Zweiter Auftritt

19,16 f. *Wenn es anders:* sofern.
19,23 *Unstreitig:* zweifellos.
19,24 *Putz:* Schmuck, Kleider usw.
20,2 *wann:* wenn, vgl. Anm. zu 26,5.
20,7 *verbitten:* durch Bitten abweisen: alle Besucher höflich abzuweisen.

Dritter Auftritt

20,9 *Angelo:* Spr. ạndʒelo.
20,22 *vogelfrei:* rechtlos; an den, der für vogelfrei und geächtet erklärt ist, darf jeder ungestraft Hand anlegen, sein Leib – daher die Bezeichnung – wird den Vögeln als Aas freigegeben.
20,33 *Pisa:* Hauptstadt der gleichnamigen toskanischen Provinz, am Arno.
21,3 *Pistolen:* von Philipp II. eingeführte span. Goldmünze, die von den übrigen europäischen Ländern nachgeprägt wurde.
21,6 *gleichviel:* gleichgültig.
21,6 f. *wie hoch du deinen Kopf feil trägst:* wie teuer du deinen Kopf verkaufst.
21,12 *Halunke:* Schurke, Betrüger, ehrloser Kerl; im 16. Jh. aus tschech. holomek, ›nackter Bettler‹, entlehnt.
21,13 *Verdienst:* das durch Dienst Erworbene, das was jemandem zukommt.
21,24 *wo:* wenn.
21,25 *verziehest:* verweilst, zögerst.
Anschlag: Plan, Absicht, Vorhaben (im 18. Jh. meist schon im negativen Sinn).
21,29 *Wenn:* wann, vgl. Anm. zu 26,5.
21,34 *Zeugen:* Trauzeugen.
21,38 f. *Equipage:* frz., herrschaftliche Kutsche.
22,1 *Vorreiter:* ein Bedienter, der vorausreitet.
22,2 *handfesten:* kräftigen.
22,13 f. *Wo du plauderst:* sofern du etwas weitererzählst.

Vierter Auftritt

22,24 *deines Anblicks so zu verfehlen:* Der Genitiv ist im Nhd. im allgem. als Objektskasus zugunsten des Akkusativs oder einer präpositionalen Bestimmung zurückgedrängt.

22,25 f. *einsprechen:* vorsprechen, Besuch machen.

23,19 *auszustechen:* ausstechen: einen Vorteil über jemanden erlangen; aus der Praxis des Turniers, später auch aufs Kartenspiel übertragen.

23,25 f. *aufsetzen:* aufs Pferd steigen.

23,29 *verderbt:* Lessing unterscheidet noch zwischen dem starken intransitiven Verb (etwas verdirbt) und dem schwachen transitiven (jmd. verderbt etwas). Heute treten die Formen des starken Verbs für die transitive und die intransitive Bedeutung ein.

23,30 *besorgest:* fürchtest.

23,31 *Ich besorg auch so was!:* Als wenn ich so etwas fürchtete!

23,37 *gnädig:* herablassend, freundlich, leutselig.

24,11 *einbilde:* vorstelle.

24,12 f. *Wollüstling:* Vgl. Anm. zu 8,15 f.

Fünfter Auftritt

24,22 *wenn anders:* sofern, vgl. auch II, 6, S. 25, 40 *wenn er es anders mache.*

Sechster Auftritt

25,13 *brünstiger:* glühender, inbrünstiger (von ›brennen‹). Vgl. auch Anm. zu 63,28.

25,20 *Das hat meine Emilia nicht wollen:* nicht tun wollen. Wenn die Ergänzung mit dem Vollverb erspart wird, kann das Hilfsverb in älterer Sprache die Infinitivform statt des Partizipiums Praeteriti (›hat gewollt‹) beibehalten.

25,25 *mit eins:* auf einmal; zusammenhängend.

26,5 *wann auch:* wenn auch; die Formen ›wann‹ und ›wenn‹ konkurrieren noch bis ins 18. Jh. miteinander in beiden Bedeutungen, bis ›wenn‹ allein noch die aus der urspr. temporalen Bedeutung entwickelte konditionale Bedeutung vertritt.

26,7 *ward:* urspr. Form des 3. Sing. Prät. von ›werden‹, heute nur noch dichterisch verwendet.

26,7 f. *Das heilige Amt:* die heilige Messe (vgl. Hochamt).

26,8 *Ich zitterte:* Bild für ›ich hatte Angst‹.

26,39 *Halle:* Vorhalle der Kirche.
27,1 *standhalten:* stehenbleiben.
27,6 *fällt mir es noch bei:* fällt es mir noch ein.
27,14 *Die Furcht hat ihren besondern Sinn:* Nach der Handschrift sprach Emilia diesen Satz. Auf Vorschlag seines Bruders Karl legte Lessing ihn der Claudia in den Mund. Zur urspr. Version schrieb er (10. Februar 1772): »Emilia [...] soll bloß damit sagen wollen, daß sie nun wohl sehe, die Furcht habe sie getäuscht. Aber freylich, der Ausdruck ist ein wenig zu gesucht« (Schriften, Bd. 18, S. 18).
27,19 *nicht ohne Mißfallen:* gemeint ›nicht ohne Wohlgefallen‹.
27,28 *itzt:* jetzt; mhd. ieze, urspr. als Diphthong gesprochen, wird in der Entwicklung zum Nhd. zum langen ī monophthongiert (wie ›stieß‹), dann gekürzt; ›jetzt‹ setzt eine Form voraus, in der ›i‹ nicht Bestandteil eines Diphthongs, sondern Halbvokal (j) ist. ›itzt‹ und ›itzo‹ werden, obwohl damals bereits veraltet, von vielen Schriftstellern bis zum Beginn des 19. Jh.s gebraucht.
28,10 *nehmen:* benehmen.
28,11 *vergeben:* weggeben, falsch geben, dann auch: beeinträchtigen, (seinen Rang) verletzen.
28,15 f. *unbedeutende Sprache:* in der die Worte nichts bedeuten; hier schimmert die urspr. Bedeutung des Partizips, ›nichts bedeutend‹, noch durch.
28,16 *Galanterie:* aus frz. galant, Artigkeit, modische Vollkommenheit bezeichnend, vor allem auch Höflichkeit gegen Damen bis hin zur Bedeutung ›Flirt‹.
28,24 *Hui!:* Ausruf lebhafter Bewegung, Schnelligkeit, Plötzlichkeit ausdrückend. Derartige Ausdrücke wurden von einigen Zeitgenossen, z. B. von Jakob Mauvillon (Auserlesene Bibliothek der neuesten deutschen Literatur, Lemgo 1772), als unpassend für ein Trauerspiel kritisiert.

Siebenter Auftritt

28,28 f. *mit vor sich hin geschlagenen Augen:* mit gesenktem Blick.
28,31 *Ich war mir Sie ... nicht vermutend:* vermutete Sie nicht; der prädikative Gebrauch des Partizips Präsens ist im Dt. selten und meist auf fremdsprachigen Einfluß zurückzuführen; bezeichnenderweise findet er sich in »Emilia

Galotti« dort, wo man besonders höflich miteinander spricht (vgl. 29,4 *zu verehrende* oder IV, 3, S. 53, 36 f. *der Gräfin Orsina nicht vermutend*). Die Sprache des gebildeten Umgangs wurde im 17./18. Jh. besonders vom fremden Vorbild geprägt.

28,34 *Aufwallung:* Gemütsbewegung, Gefühl.

28,36 *schwanger:* häufig in übertragener Bedeutung ›in sich bergend‹, vgl. ›unheilschwanger‹.

29,13 f. *wenn ich ihn mir denke:* ihn mir vorstelle, an ihn denke.

29,18 *ich urteile:* ich meine; beim Substantiv ›Urteil‹ ist die vom Rechtsbereich losgelöste Bedeutung ›Meinung‹ häufiger.

29,33 *und auch:* und außerdem.

29,38 *Geschmeide:* urspr. – vgl. schmieden – Metall, Metallgerät, von daher ›Goldschmiedearbeit‹ und weiter abgeleitet ›blinkender Schmuck‹.

29,39 f. *sich . . . schickte:* paßte.

29,40 *gram:* unmutig, böse, bedrückt, eigtl. ›grollend, brummig‹, wird nicht flektiert und nur prädikativ gebraucht.

30,18 *wie sah ich:* wie sah ich aus; die Bedeutung entwickelt sich vom Ausdruck des Blicks her über ›dreinsehen‹ zu ›aussehen‹.

30,24 *fliegend und frei:* fliegendes Gewand, leichtes Gewand.

30,28 *wie sie die Natur schlug:* ›schlagen‹ verliert in einigen Wendungen seine eigentliche Bedeutung und wird zum bloßen Bewirkungswort (vgl. Blumen in Papier schlagen).

Achter Auftritt

31,7 *argwohnen:* im 18. Jh. noch häufige Nebenform zu ›argwöhnen‹ ohne Umlaut, von Grimm als fehlerhaft bezeichnet; vgl. auch III, 3, S. 40, 31 und Anm. zu 22,36.

31,10 *ausgelaufen:* Bild vom Schiff, das den Hafen verläßt.

31,12 *ehegestern:* vorgestern.

31,20 *schlechterdings:* Adverb, gebildet wie ›neuerdings‹; ausgehend von der urspr. Bedeutung von ›schlecht‹ (= einfach) heißt es: durchaus.

31,22 f. *ich sei es nicht schuldig:* ich sei dazu nicht verpflichtet; ›es‹ ist die alte Genitivform des Personalpronomens (vgl. einer Sache schuldig sein).

Neunter Auftritt

31,37 f. *ein dringendes Geschäft an Sie:* einen dringenden Auftrag an Sie auszurichten; die Grundbedeutung von ›Geschäft‹ (abgeleitet von ›schaffen‹) ist ›das, was man zu tun hat‹.

Zehnter Auftritt

32,10 f. *vorzügliche Gnade:* besondere Gnade, Gnade, die den Empfänger auszeichnet.

32,21 f. *ruhmredig:* prahlerisch.

32,25 *geruhen:* ahd. geruochan (nicht verwandt mit ›Ruhe‹): sorgen, Rücksicht nehmen; unter dem Einfluß von frz. daigner, engl. deign nimmt es die Bedeutung ›gnädig belieben etwas zu tun‹ an.

33,12 *verbitten:* ausschlagen, ablehnen, vgl. auch II, 2, S. 20, 7.

33,27 *verzweifelt naiv:* ›verzweifelt‹ ist hier ähnlich wie ›verdammt‹ zur Intensivierung einer Eigenschaft gebraucht.

33,39 *Vasall eines größern Herrn:* Appiani ist landfremder Adliger, nicht Untertan des Prinzen.

34,12 *Was beliebt?:* Wie bitte? ›belieben‹ urspr. Intensivum zu ›lieben‹, dann auch ›schätzen, Gefallen finden‹ (vgl. frz. s'il vous plait).

34,13 *sonach:* demnach; Anspielung auf die Unebenbürtigkeit Emilia Galottis.

34,14 *Zeremonie:* die Hochzeitsfeier.

34,22 *ein ganzer Affe:* ein richtiger Affe.

34,27 *Pah!:* Ausruf der Ablehnung oder Verachtung.

34,28 f. *ich fodere Genugtuung:* Marinelli fordert Appiani zum Duell.

34,37 *Spaziergang:* umschreibend für Duell, das meist vor den Toren der Stadt ausgetragen wurde.

Eilfter Auftritt

35,1 *Eilfter:* eilf: bis ins 18. Jh. für elf; urspr. Zusammensetzung ein-lif; lif geht auf eine idg. Wurzel zurück, die ›übrig sein‹ bedeutet: eigtl. heißt elf also ›eins darüber‹ (über zehn).

35,3 *Nichtswürdiger:* Verächtlicher, Erbärmlicher; vgl. auch Anm. zu 13,33 f.

35,11 *des Ganges ... überhoben:* hat mir den Gang abgenommen, hat ihn überflüssig gemacht.

Dritter Aufzug. Erster Auftritt

36,11 *genommen:* benommen.

36,16 f. *in die Schanze schlagen:* Schanze (von lat. cadere, frz. chance) der Glückswurf, der Einsatz des Spielers; hier also: aufs Spiel setzen.

36,17 *sahe:* seit dem Mhd. der schwachen Flexion des Verbs (blickt*e*) nachgebildete Nebenform der 3. Pers. zu ›sah‹, in der Dichtungs- und Bibelsprache noch im 18. Jh. anzutreffen.

36,19 *Harnisch:* Brustpanzer, Rüstung, *in Harnisch jagen* (üblicher: bringen): erzürnen, eigtl. ›in Kriegsbereitschaft setzen‹.

36,32 *Nachdem es fällt:* je nach dem.

37,13 *abgeredet:* vereinbart.

37,17 f. *mehr als halbes Weges:* alter Genitiv der starken Adjektivflexion (vgl. de*s*), nhd. der schwachen Flexion angeglichen (halbe*n* Wegs – des halbe*n* Wegs).

37,25 f. *stünd ich dafür:* dafür (ein)stehen: sich verbürgen.

37,30 *selbst funfziger:* mit 49 anderen, zu fünfzig Leuten. *funfzig:* mhd. ›funf‹; der Umlaut ›fünf‹ dringt aus den flektierten Formen (ahd. funfi usw.) ein. Im Dialekt ist der alte Lautstand noch heute erhalten (vgl. z. B. ›fuffzig‹).

37,33 *eher:* schon früher, schon oft genug.

38,15 *Anstalten:* die Anstalt: Vorbereitung, Anordnung; diese ältere Bedeutung ist noch im heutigen Ausdruck ›Anstalten treffen für‹ enthalten.

38,18 *hart:* vor Ortsbezeichnungen im Sinne von ›dicht‹ gebräuchlich, vgl. ›hart am Abgrund‹.
Planke: Holzbohle. Der Singular wird auch verwendet für eine aus Brettern bestehende Umzäunung.
Tiergarten: Tiergehege, wie es häufig bei fürstlichen Landschlössern zum Zwecke der Jagd angelegt war.

38,23 *Hülfe:* neben mhd. ›helfe, hilfe‹ steht die ablautende Form (ahd.) ›hulfa‹, nhd. ›Hülfe‹. Sie ist vor allem im Ostmd. verbreitet und gewinnt Einfluß durch Luthers Bibelübersetzung.

38,30 *wornach:* während ahd. ›hwar‹ (›wo‹) schon mhd. sein ›r‹ verlor, blieb das ›r‹ in einigen Zusammensetzungen erhalten (vielleicht unter dem Einfluß von ahd. hwara, ›wohin‹).

38,31 f. *eine Maske:* ein Maskierter.

39,2 *muß Sie nicht sehen:* darf Sie nicht sehen.

Zweiter Auftritt

39,8 *in jedem Schlage:* in jeder Wagentür. ›Schlag‹ bezeichnet allgem. in dieser Bedeutung einen Gegenstand, durch dessen Bewegung ein Verschluß hergestellt wird, vgl. auch ›Schlagbaum‹.

Bedienter: Diener; eigtl. Partizip Prät. mit aktiver Bedeutung ›einer, der bedient hat‹; flektiert wie normales Partizip ›ein Bedienter – der Bediente‹.

39,9 *Streich:* Anschlag (vgl. frz. coup).

39,10 f. *gemächlich:* langsam.

39,12 *Der Tolldreiste:* tolldreist: Zusammensetzung, durch deren ersten Bestandteil ein Mangel an ruhiger Überlegung ausgedrückt werden soll.

Endlich: letzten Endes, andererseits.

39,13 *Schliche:* von ›schleichen‹, die Schleichwege.

39,16 *die Affen:* Vgl. II, 10, S. 34, 22. 27.

39,17 *Jawohl:* tatsächlich.

39,20 *Kammerherr:* Titel für Edelleute am Hofe, eigtl. vom Kammer- und Leibdienst bei einem Fürsten stammend.

39,24 f. *Wind gehabt haben:* davon erfahren haben; aus der Jägersprache: das Wild bekommt vom Jäger Wind, Witterung, der Wind bringt seiner feinen Nase den Geruch des Jägers zu und warnt es so.

39,25 *unbereitet:* unvorbereitet.

39,31 f. *das Bad mit bezahlen:* wohl im Sinne der Redensart ›ausbaden‹: die Suppe mit auslöffeln, den Schaden mit tragen.

39,34 *ehrlich:* tüchtig; erst im Laufe der Entwicklung Einschränkung auf ›wahrhaftig, sittlich gut‹.

39,34 f. *Ob mir sein Tod schon:* obschon mir sein Tod; im 18. Jh. sind die beiden Bestandteile der konzessiven Konjunktion vielfach noch nicht zu einem Wort verschmolzen (ähnlich: ob-gleich u. a.).

39,36 *Vierteil:* vierter Teil, heute ›Viertel‹.

40,5 *Blitz!:* oft als Fluch oder Ausruf des Erstaunens gebraucht.

40,10 *Ihre Kundschaft:* ›Kundschaft‹ großer Herren heißt ›Gönnerschaft, Geltung bei großen Herren‹; daneben ist hier auch der geschäftliche Sinn ›Sie als Kunden‹ möglich.
40,20 *Knicker:* Geizhals, von ›knickern‹: knausern.

Dritter Auftritt

40,33 *dauren:* ältere Form zu ›dauern‹.
41,7 *das Vornehmste:* das Wichtigste.

Vierter Auftritt

41,26 *Emilien:* Dativ; die Eigennamen werden im 18. Jh. noch mit Flexionsendungen (nach der ›schwachen‹ Deklination) versehen.
42,7 *nach ihnen ausgehen:* sie suchen gehen.
42,12 f. *glückliches Unglück:* Contradictio in adjecto, Spielart des Oxymoron, eine Stilfigur, die sinnreich pointiert zwei einander scheinbar widersprechende Begriffe zu einer Einheit verbindet. Vgl. auch V, 5, S. 70, 29 f. *stolze Bescheidenheit*, S. 71, 7 *die süßen Kränkungen.*
42,16 *ohnfern:* unweit.
42,29 *Wirtschaftshäuser:* Wirtschaft bezeichnet die Gesamteinrichtung eines ländlichen Anwesens; hier also: die landwirtschaftlichen Gebäude.
43,4 *floh:* eilte; die Formen von ›fliehen‹ sind frühnhd. noch gelegentlich mit denen von ›fliegen‹ vermischt; letzteres bezeichnet oft eine schnelle Bewegung im allgemeinen.
43,7 *nachsetzen:* verfolgen.

Fünfter Auftritt

43,18 *Sie sind doch wohl?:* Ihnen geht es doch gut?
44,10 *genugsam:* Verstärkung von ›genug‹.
44,11 *Zufall:* Im 18. Jh. unter Einfluß des frz. accident, ›unglücklicher Zufall‹, erhält ›Zufall‹ geradezu die Bedeutung ›Unfall, Vorfall‹.
44,16 *endlichen:* endgültigen.
44,19 *abhangen:* entspricht der Opposition zwischen intransitiv ›(selbst) hangen‹ und transitiv ›(jmd.) hängen‹.
44,31 f. *verhindern, daß sie nicht:* Auf Verben mit negativer Bedeutung folgt im älteren Deutsch eine pleonastische (für die Gesamtaussage überflüssige) Negationspartikel.

Sechster Auftritt

45,18 f. *Das möchte noch sein:* das dürfte ruhig noch sein.
45,24 *etwas von einer Schwiegermutter:* zur legitimen Gemahlin wird der Prinz Emilia ja nicht erheben.
45,25 *schmeichelt die meisten:* Der Gebrauch des Akkusativs statt des Dativs bei ›schmeicheln‹ kommt bei Lessing häufig vor.
45,28 *innerhalb:* in den Kulissen.

Siebenter Auftritt

45,36 *Unglücklicher:* Unglückseliger, Unglückbringender, bes. auch als Verwünschung.
46,6 *aufgehobner:* Das Partizip wird hier ganz wie ein Adjektiv behandelt und ist deshalb steigerungsfähig.

Achter Auftritt

46,21 *in herrschaftlichen Angelegenheiten:* in Angelegenheiten unter Personen von Stand; ›herrschaftlich‹ bezeichnet alles, was mit den adligen Vorrechten zusammenhängt, so wie ›Herrschaft‹ auch den Träger dieser Vorrechte, den Adligen, bezeichnet (vgl. die Anrede ›meine Herrschaften‹).
47,13 *Ist es erhört:* erhören: ›durch Hören wahrnehmen‹, also: ›Hat man je gehört . . .‹, heute nur noch in negativen Wendungen wie ›unerhört‹.
47,36 *der Allerreinesten:* der Jungfrau Maria.
47,37 *Bubenstück:* gemeiner Streich. Bube: Lallform wie ›Mama‹ u. ä., von der Grundbedeutung ›Junge‹ über ›Knecht‹, bes. ›Troßknecht‹, zu ›zuchtloser Mensch, Schurke‹ gelangt.
48,1 *Kitzel:* Lust, Reiz, sinnliches Verlangen; um 1500 von dem Verb ›kitzeln‹ abgeleitet.
Abschaum: eigtl. ›Schaum, der als etwas Unbrauchbares weggenommen wird‹, im übertragenen Sinn für ›Schlechtestes‹.
48,4 *Galle:* Die Ausscheidungen der Gallenblase und der Milz (die ›gelbe‹ bzw. die ›schwarze Galle‹) wurden als Ursache des Zorns bzw. eines schwermütigen Temperaments angesehen. »Die Galle läuft ihm über sagt man im

gemeinen Leben von einem Menschen, der zornig wird« (Adelung); vgl. Anm. zu 13,2.
Geifer: eigtl. der ausfließende Speichel; Wut, Zorn.

48,6 *Kuppler:* kuppeln: wie ›koppeln‹ von lat. copulare, ›verbinden‹, seit dem 14. Jh. in bezug auf Ehe und Liebe gebraucht, später auf eigennützige Stiftung eines Ehe- oder Liebesverhältnisses eingeengt.

48,7 *schwärmen:* unvernünftig reden, verrückt sein; abgeleitet von Schwarm; eigtl. ›sich als Schwarm bewegen‹, bezeichnet seit der Reformation sektiererisches Abirren von der rechten Lehre, dann auch einen Zustand, in dem die Gedanken von der Wirklichkeit entrückt sind.

Vierter Aufzug. Erster Auftritt

49,5 *als:* wie; vgl. auch Anm. zu 8,31.

49,7 *Licht:* Aufklärung.

50,2 *auf die Seele gebunden:* wie ›dringend ans Herz legen‹: mit Nachdruck bitten, sich einer Sache anzunehmen.

50,2 f. *verhüten, daß niemanden Leides geschehe:* Zur Negation s. Anm. zu 44,31 f. *Leides:* Genitivus partitivus, häufig in dieser Funktion bes. in verneinten Sätzen.

50,5 f. *Knall und Fall:* unvermittelt, plötzlich, so schnell, wie auf den Knall des Schusses der Fall des Wildes erfolgt; seit dem 30jährigen Krieg belegt.

50,11 *verwiesen:* tadeln, einen Verweis (deswegen) erteilen.

50,13 *betreten:* veraltet für ›ertappen, bei etwas Unerlaubtem überraschen‹.

50,16 *voraus bedungen:* das Verb ›bedingen‹, von dem ›die Bedingung‹ abgeleitet ist, ist im 18. Jh. noch gebräuchlich.

50,24 *Vorstellung:* Überlegung; Adelung definiert: eine Rede, wodurch man bei jemandem eine tätige Erkenntnis der Umstände und Folgen einer Handlung zu bewirken sucht (vgl. jmd. Vorstellungen machen).

50,25 f. *ausgefodert:* zum Duell gefordert.

51,18 *Topp!:* zustimmender Ausruf bei Abschluß eines mündlich ausgehandelten Vertrages u. dgl.

51,21 *heilsames:* zweckdienliches.

51,29 *Ich will Rede!:* Ich will Auskunft, Rechtfertigung; vgl. ›jmd. Rede stehen‹.

51,40 *Anstand:* Schicklichkeit, angemessenes Benehmen.

52,5 *voritzo:* vorerst, fürs erste; in ›itzo‹ ist die alte Adverbialendung noch erhalten.
52,7 *einfältig:* hier in der Grundbedeutung ›einfach, nicht zusammengesetzt‹.
52,13 f. *im Schilde führen:* etwas beabsichtigen, mit dem Nebensinn des Heimlichen oder Bösen. Die Redensart bezieht sich auf die Abzeichen und Devisen, die der Turnierritter in seinem Schilde führte.
52,17 *Traun!:* wahrhaftig, in Treuen; zur Bekräftigung hinzugesetzt, von Luther gern gebraucht und von dort weiterwirkend.

Zweiter Auftritt

52,35 *auf Kundschaft:* um zu spionieren.
53,2 *elender Wortwechsel:* unbedeutender, kleiner Wortwechsel.

Dritter Auftritt

53,25 *gar:* ganz; eigtl. ›bereit gemacht, fertig‹; diese Bedeutung hat sich noch in ›garkochen‹ u. ä. erhalten.
53,26 *zu:* in.
53,27 *Augendiener:* Schmeichler; 15. Jh., Lehnübersetzung aus dem Griech.
54,4 *eines Briefes ... erwähnte:* Die urspr. Verbindung von ›erwähnen‹ mit dem Genitiv ist bis ins 19. Jh. neben der mit dem Akkusativ üblich.
54,9 f. *Antworts genug:* ›Antwort‹ war urspr. wie ›Wort‹ ein Neutrum, so daß der Genitiv ›des Antworts‹ hieß.
54,27 *Hofgeschmeiß:* Geschmeiß: zu ›schmeißen‹, beschmieren, Kot auswerfen, also eigtl. ›Kot‹, dann auch gebraucht von den Eiern, der Brut der Insekten, schließlich überhaupt von Ungeziefer und übertragen von Menschen.
54,33 *Schnickschnack:* Geschwätz, Possen; in spielerischer Ausgestaltung, vgl. Krimskrams, Singsang, Zickzack, aus nddt. snack, ›Gerede‹.
55,10 f. *Mich verachtet man auch!:* Als wenn man mich verachtete! Vgl. II, 4, S. 23, 31 *Ich besorg auch so was!*
55,12 f. *ausgemacht:* klar, sicher; vgl. ›das ist eine ausgemachte Sache‹.
55,37 *öfterer:* Nebenform des Komparativs ›öfter‹ zu ›oft‹, durch nochmaliges Antreten des Komparativ-Suffixes. Nicht selten bei Lessing.

55,39 f. *Frauenzimmer:* urspr. das Frauengemach, dann Kollektivbezeichnung für die Frauen, zuletzt (häufig herabsetzend): Frau.
55,40 *ekel:* ekelhaft.
56,8 *närrisch:* lustig, lächerlich.
56,9 f. *ob wir ... gleich:* Vgl. Anm. zu 39,34 f.
56,10 *wir arme Geschöpfe:* Gegenüber schwankendem Gebrauch in früherer Zeit hat sich heute in dieser Konstruktion die schwache Flexion des Adjektivs durchgesetzt.
56,13 *Stock:* urspr. Baumstumpf, von daher die Bedeutung unbeholfener, roher Mensch, ›Klotz‹.
56,23 *Vorsicht:* im damaligen Sprachgebrauch üblich für ›Vorsehung‹.
56,24 *genennet:* Die umgelautete Form geht auf ahd. ginennit zurück, indessen in den flektierten Formen des Partizips (ginanter) das den Umlaut bewirkende ›i‹ ausgefallen war; im Nhd. Ausgleich zugunsten der flektierten Form.
56,28 *Frevel:* Der urspr. Sinn ›kühne und verwegene Tat‹ wurde früh zum Gesetzwidrigen, Verbrecherischen umgewandelt.
56,34 f. *es ... imstande:* dazu imstande; ›es‹ ist alter Genitiv.

Vierter Auftritt

57,5 *unentschlüssig:* unschlüssig.
57,7 *quer über den Saal:* quer durch den Saal.

Fünfter Auftritt

58,5 *von denen er sich keinen Augenblick abmüßigen kann:* von denen er unabkömmlich ist.
58,16 *hieher:* alt und noch landschaftlich für ›hierher‹.
58,21 *Unfall:* Unglück.
59,11 *steif:* fest, gerade.
59,19 *möchten:* könnten.
59,31 *in geheim:* insgeheim, im geheimen.
59,38 *Zuverlässig:* tatsächlich.
60,7 *sich ... trollen:* von dannen gehen, wahrscheinlich verwandt mit ›rollen‹.
60,17 *Vorsicht:* Vgl. Anm. zu 56,23.
60,18 *um den Hals reden:* durch Reden riskieren, hingerichtet zu werden.

60,19 *mehrern:* doppelt charakterisierte Steigerungsform; ›mehr‹ (ahd. mero) ist bereits Komparativ (zu mihhil, groß); um ihn den Komparativen zu den übrigen Adjektiven anzugleichen, wird ihm noch einmal das Komparativsuffix ›-er‹ angehängt.

60,22 *Spießgeselle:* Kamerad, Waffenbruder unter den Spießträgern, seit dem 17. Jh. abwertend.

Sechster Auftritt

60,31 f. *Nun vollends!:* Das hat noch gefehlt!

61,12 *von wegen:* Kanzleisprache, heute auch noch umgangssprachlich.

61,23 *beobachten:* sorgfältig halten, erfüllen.

61,24 *gemach:* langsam.
deren: der Schuldigkeit (Gen. Sing. fem. zum Demonstrativpronomen der: Vgl. die Schuldigkeit, deren Beobachtung ...)

61,38 *ins Wort:* ins Gespräch.

Siebenter Auftritt

62,24 f. *Wahnwitzige:* Wahnsinnige; ›Witz‹ hier in der urspr. Bedeutung ›Verstand‹, vgl. auch Anm. zu 13,26.

62,27 *leicht:* vielleicht (urspr. vil leicht = sehr leicht).

63,11 *beiher:* nebenbei.

63,18 *Schlaraffenleben:* Schlaraffe: Zusammensetzung aus ›slur‹, Faulenzer, und ›Affe‹ (vgl. Maulaffe); als Schimpfwort gebräuchlich, schon vor der Verbreitung des Märchens vom Schlaraffenland.

63,28 *Inbrunst:* Brunst, Brand, Glut. In der Sprache der Mystik war ›Inbrunst‹ die innere Glut des Menschen vor Gott, sein heißes Verlangen.

63,37 *schäumet:* Vgl. vor Zorn schäumen.

64,3 *Gewehr:* dichterisch für ›Waffe‹.

64,5 *Schubsäcke:* Taschen, in die man etwas ›hineinschiebt‹.

64,29 *um Ihre Tochter:* wegen Ihrer Tochter.

64,32 *Entzückung:* Ekstase; ›zücken‹ ist Intensivum zu ›ziehen‹, ›entzücken‹ heißt also ›wegziehen‹; von den Mystikern als Übersetzung von ›Ekstase‹ eingeführt.
Phantasie: Traumgebilde, Phantasievorstellung.

64,34 *Bacchantinnen:* die trunkenen Begleiterinnen des Bakchos (Gott der Fruchtbarkeit, des Rausches).
Furien: Rachegöttinnen in der antiken Mythologie.

Achter Auftritt

65,39 f. *sich findend:* sich fügend.

Fünfter Aufzug. Erster Auftritt

67,6 *Arkade:* von lat. arcus, ›Bogen‹, offener, auf Säulen ruhender Bogengang.
67,15 *Durchlaucht:* eigtl. Partizipialbildung zu ›durchleuchten‹, also ›durchstrahlend‹. Seit dem 15. Jh. als Lehnübersetzung von lat. perillustris im Titel fürstl. Personen gebräuchlich und im 16. Jh. substantiviert.
67,16 *Zufall:* Zwischenfall; vgl. Anm. zu 44,11.
68,1 f. *Neidhart:* mhd. nīt, ›Streit, Kampf‹, urspr. ›Haß‹; die Vorstellung, daß man einem anderen etwas nicht gönnt und dieses selbst besitzen will, ist erst neueren Datums; hart: stark; also ›der im Streit, in der Feindschaft Starke‹. Marinelli nennt Odoardo ›Neidhart‹ im Hinblick auf seinen Widerstand bei Sabionettas Erwerbung.
68,5 *aus dem Gesichte:* aus dem Blick.
68,9 *Nur, Marinelli! –:* Ergänze: nicht wieder Gewalt und Mord.

Zweiter Auftritt

68,17 *für Eifersucht:* vor Eifersucht.
68,21 *Deine Sache wird ein ganz anderer zu seiner machen!:* Vgl. Röm. 12, 19: »Die Rache ist mein, ich will vergelten, spricht der Herr.«
68,25 *vergällen:* verbittern, den Genuß verderben.
68,26 *gebüßet:* befriedigt.

Dritter Auftritt

69,26 *vors erste:* fürs erste, vorerst.

Vierter Auftritt

70,12 *plaudert:* schwätzt; urspr. rauschen (pladdern); erst im 19. Jh. setzt sich das Wort als Bezeichnung geselliger Konversation durch.
Hofschranze: Schranz heißt eigtl. ›Ritz, Spalte‹; wird im Spätmittelalter zur Bezeichnung für den modisch gekleideten Mann (der geschlitzte Kleider trägt); von daher die Bedeutung ›alberner Höfling‹.

Fünfter Auftritt

70,26 *unanständig:* nicht dem Anstand entsprechend, hier: ungehörig.
70,27 *fodern:* vorladen, kommen lassen; zur Form vgl. Anm. zu 5,13 *gefodert.*
71,1 *verkümmert:* verdorben, verkleinert.
71,24 *gegen Marinelli:* zu Marinelli gewandt.
71,26 *mitnichten:* keineswegs.
71,40 *bestellet:* ernannt.
72,21 *Buben:* Schurken; vgl. Anm. zu 47,37.
72,25 *das Gerüchte:* Das heute nicht mehr gebräuchliche Schluß-*e* erinnert noch an die Herkunft von mhd. gerüefte, nach ›rufen‹, also ›Ruf, in dem jmd. steht‹.
72,29 *trotz Ihnen:* ebenso wie Sie; ›trotz‹ kann auch im Sinne eines Wettbewerbs gebraucht werden.
72,30 *das gegründetste Vorurteil:* eine vorgefaßte Meinung, die die stärksten Gründe für sich hat.
73,16 *verstatten:* zulassen, gestatten.
73,25 *darauf anzutragen:* zu fordern, den Antrag zu stellen.
73,29 *fein:* genau.
73,32 *schmeichelhaft:* schmeichelnd, schmeichlerisch.
74,2 f. *unbescholten:* von veraltetem ›beschelten‹, frei von öffentlichem Tadel.
74,5 *alleranständigste:* angemessenste.
74,7 f. *einer der würdigsten Damen:* einer der ehrenwertesten Damen.
74,18 *Geck:* eigtl. ›Narr‹ (vgl. Karnevalsgeck), heute in der Bedeutung verengt auf einen eitlen, stutzerhaften Menschen.
Sibylle: Name weissagender Frauen in der Antike, deren

berühmteste die röm. Sibylle Amalthea war; hier bezogen auf die Gräfin Orsina.

74,37 *Freistatt der Tugend:* Ort, an dem die Tugend ungefährdet ist.

Sechster Auftritt

75,18 *verstünde:* einig wäre.

Siebenter Auftritt

76,37 *Ton:* Lehm, Stoff.

77,2 *Gaukelspiel:* falsches, verlogenes Spiel.

77,31 f. *Nichts Schlimmers zu vermeiden:* um etwas zu vermeiden, was nicht schlimmer war.

77,35 *kenntest:* die eigentliche, konjunktivische Form für die heute gebräuchliche Konstruktion mit Hilfsverb.

78,11 *Sie erriete:* Ihre Absicht erriete.

78,14 *Ehedem wohl gab es einen Vater ...:* Vgl. Kap. II.

78,15 *den ersten, den besten:* den erstbesten, den nächsten, der zur Hand war.

II. Der Stoff und seine Tradition

Die Geschichte der Virginia – s. die folgenden Quellentexte – ist in das Milieu eines italienischen Duodezstaates übertragen. Die Figur eines Hettore Gonzaga ist erfunden, jedoch sind einige Züge aus der Geschichte der Gonzaga übernommen. Das Geschlecht der Gonzaga erwarb 1328 die Herrschaft über Mantua, 1382 wurden die Gonzaga Grafen, 1433 Markgrafen; 1530 erhielt Federigo II. von Kaiser Karl V. die Herzogwürde. Ferrante, ein Bruder Federigos, erwarb 1539 die Grafschaft Guastalla. Weitere Nebenlinien der Gonzaga waren die Fürsten von Bozzolo und Sabionetta. Von den Herzögen von Guastalla wurde im 17. Jahrhundert um Sabionetta prozessiert. Endgültig vereint wurden die beiden Herrschaften 1703 (Tod von Johann Franz II.). Die jüngere Linie der Gonzaga starb 1746 mit Herzog Joseph Maria von Guastalla und Sabionetta aus. Seine Staaten wurden von Österreich besetzt, 1748 an Parma abgetreten.

1. Quellen

Titus Livius: Ab urbe condita III, 44 ff. (Ende 1. Jh. v. Chr.).
Dionysios von Halikarnass: Antiquitates Romanae XI, 28 f. (Ende 1. Jh. v. Chr.).

Die Legende vom Tod der Virginia spielt in den Ständekämpfen, die im Rom des 5. Jahrhunderts v. Chr. zwischen Patriziern und Plebejern ausgetragen wurden. Nach der Überlieferung des augusteischen Historikers Titus Livius (59 v. Chr.–17 n. Chr.) wurden um die Mitte des 5. Jahrhunderts zehn Männer (die sog. Decemvirn) aus dem Senatorenstand eingesetzt, die die bestehenden Gesetze aufzeichnen sollten (Livius III, 32 ff.). Nachdem diese, an der Spitze Appius Claudius, sich ihrer Aufgabe in zwei Amtsperioden entledigt hatten (vgl. die Zwölf-Tafel-Gesetze), blieben sie weiter im Amt. Volkstribunat und provocatio an die Volksversammlung[1], die wichtigsten politischen Instrumente der

1. Die Volksversammlung war in bestimmten Fällen letzte Appellationsinstanz.

Plebejer, waren abgeschafft. Jedoch nicht nur unter den Plebejern, sondern auch bei einem Teil der Senatoren regt sich Widerstand gegen die Usurpatoren. In dieser durch einen Krieg gegen die Nachbarn und einige Zwischenfälle noch gespannteren Situation ereignet sich die Geschichte der Virginia (Livius III, 44–48):

Es folgte ein weiteres Verbrechen in Rom selbst, dessen Quelle sinnliche Begierde und dessen Ausgang ebenso gräßlich war wie die Schändung und der gewaltsame Tod der Lukretia, deretwegen die Tarquinier aus Stadt und Königsherrschaft vertrieben worden waren: So nahmen die Decemvirn nicht nur dasselbe Ende wie die Könige, sondern verloren auch aus denselben Gründen ihre Herrschaft. Den Appius Claudius ergriff die Begierde, ein Mädchen aus dem Plebejerstand zu verführen. Der Vater des Mädchens, Lucius Virginius, befehligte eine ansehnliche Abteilung von Soldaten auf dem Algidus – ein vorbildlicher Mann daheim und im Felde. Ebenso war auch seine Frau, und so erzogen sie auch ihre Kinder. Er hatte seine Tochter mit dem früheren Tribun Lucius Icilius verlobt, einem Mann voller Tatkraft und bewährtermaßen verdient um die Sache der Plebejer. Dieses schon erwachsene, ungemein schöne Mädchen suchte Appius, von Liebe entbrannt, durch Geschenke und Versprechungen zu verführen. Als er aber sah, daß ihre Keuschheit alle Versuche vereitelte, entschloß er sich zu einer grausamen und verwegenen Gewalttat. Er gab seinem Schützling Marcus Claudius den Auftrag, das Mädchen als seine Sklavin zu beanspruchen und nicht nachzugeben, wenn man ihre vorläufige Freilassung verlange; denn er glaubte, die Abwesenheit des Vaters begünstige ein solches Verbrechen. Als das Mädchen aufs Forum kam – denn dort waren in den Buden auch die Schulen –, da ergriff sie der Kuppler des Decemvirn, nannte sie Tochter seiner Sklavin und selbst Sklavin und forderte sie auf, ihm zu folgen; zögere sie aber, so wolle er sie mit Gewalt fortschleppen. Das Mädchen ist vor Furcht starr, durch das Geschrei der Amme, die die Quiriten um Schutz anfleht, entsteht ein Auflauf. Die beim Volk beliebten Namen ihres Vaters Virginius und ihres Verlobten Icilius gehen von Mund zu Mund. Deren Ansehen nimmt die, die sie kennen, für das Mädchen ein, das Empörende des Auftritts gewinnt das Volk. Schon war sie vor Gewalt sicher, da sagte, der sie als seinen Besitz beanspruchte: die Aufregung

der Menge sei überflüssig, er gehe den Weg des Rechts, nicht den der Gewalt. Er fordert das Mädchen vor Gericht. Die Anwesenden rieten zu folgen, so kam man vor den Richterstuhl des Appius. Der Kläger erzählt die dem Richter wohlbekannte Geschichte – der war ja schließlich der Erfinder des Stücks: das Mädchen sei in seinem Haus geboren, dort gestohlen und ins Haus des Virginius gebracht und dem als Kind untergeschoben worden. Diese Behauptung stütze sich auf Angaben von Zeugen, und er werde den Beweis führen, selbst wenn Virginius Richter wäre, welchem hierbei am meisten Unrecht geschehen sei. Bis dahin sei es rechtens, daß die Sklavin ihrem Herrn folge. Die Verteidiger des Mädchens sagten, Virginius sei im Dienste des Staates abwesend, jedoch innerhalb zweier Tage zur Stelle, wenn man ihm Nachricht gebe. Es sei unrecht, einem Abwesenden seine Kinder streitig zu machen. Sie forderten, die Sache bis zur Ankunft des Vaters unentschieden zu lassen; Appius solle sie nach seinem eigenen Gesetz einstweilen zur Freien erklären und nicht zulassen, daß der Ruf eines erwachsenen Mädchens noch früher in Gefahr gebracht werde als ihre Freiheit.
[Appius sucht sich mit sophistischer Auslegung des fraglichen Gesetzes aus der Affäre zu ziehen. Er entscheidet:] Man lasse den Vater kommen; inzwischen aber solle der Kläger nicht auf sein Recht verzichten müssen, sondern das Mädchen mitnehmen und sich verpflichten, sie bei der Ankunft des angeblichen Vaters zu stellen. Zwar murrten viele über das ungerechte Urteil, aber keiner wagte, ihm zu widersprechen. Da kamen Publius Numitorius, der Onkel mütterlicherseits, und Icilius, der Verlobte des Mädchens, hinzu. Die Menge machte ihnen Platz und hoffte schon, besonders durch das Einschreiten des Icilius könne man Appius Widerstand leisten, da erklärt der Liktor, das Urteil sei gefällt, und drängt den Icilius zurück. Ein so schreiendes Unrecht hätte selbst den Sanftmütigsten empört. »Du mußt mich schon, Appius, mit dem Schwert hier wegstoßen«, rief er, »damit nicht laut wird, was du verbergen willst. Als Jungfrau will ich dieses Mädchen heimführen und als legitime und keusche Gattin besitzen. Darum rufe nur alle, auch die Liktoren deiner Amtsgenossen zusammen und laß sie ihre Rutenbündel und Beile rüsten: die Braut des Icilius bleibt nicht außerhalb des Hauses ihres Vaters! Nein, wenn ihr auch dem Volk von Rom [plebs] den Beistand der Tribunen und die provocatio

an die Volksversammlung, diese beiden Säulen der Freiheit, genommen habt, so könnt ihr mit euren Begierden doch nicht wie Könige über unsere Frauen und Kinder verfügen. Unsern Rücken, unsern Hals geben wir eurer Wut preis: die Keuschheit wenigstens soll ungefährdet sein. Vergreift man sich an ihr, so werde ich für meine Braut die versammelten Quiriten, so wird Virginius für die einzige Tochter das Heer, so werden wir alle zusammen Götter und Menschen um Hilfe anflehen, und nur, wenn du unser Blut vergießt, kannst du diesen Spruch jemals vollziehen. Ich fordere dich auf, Appius, wohl zu bedenken, was du tust. Virginius mag sehen, wenn er kommt, was er mit seiner Tochter tut. Aber er soll das wissen: gibt er den Ansprüchen dieses Mannes nach, so muß er einen anderen Mann für seine Tochter suchen. Ich werde, um die Freiheit meiner Braut zu verfechten, eher mein Leben lassen als mein Wort brechen.«

Die Menge war erregt, es drohte ein Kampf auszubrechen. Die Liktoren hatten Icilius umstellt, doch blieb es bei Drohungen, da Appius erklärte: nicht eigentlich Virginia werde von Icilius verteidigt, sondern der unruhige Mensch, der noch vom Geist des Tribunats erfüllt sei, suche einen Anlaß zum Aufruhr. Er aber werde ihm dazu heute keinen Vorwand geben. Doch damit Icilius wisse, daß dies nicht wegen seines aufrührerischen Benehmens geschehe, sondern dem abwesenden Virginius, dem Recht des Vaters und der Freiheit zuliebe, so werde er heute kein Urteil fällen und auch keinen Zwischenbescheid ergehen lassen: er wolle Claudius ersuchen, von seinem Recht abzustehen und zuzulassen, daß das Mädchen bis zum nächsten Tag frei sei. Stelle sich der Vater am folgenden Tag nicht, so tue er Icilius und seinesgleichen kund: weder werde der Gesetzgeber sein Gesetz im Stich lassen, noch werde es dem Decemvirn an Festigkeit fehlen. [In aller Eile schicken die Verwandten des Mädchens Boten ins Lager, um den Vater herbeizuholen.] Der Kläger verlangte von Icilius, für das Mädchen, wenn es vorläufig frei sein solle, Bürgen zu stellen. Das eben werde besprochen, sagte Icilius absichtlich Zeit verstreichen lassend, damit die ins Lager abgesandten Boten einen Vorsprung gewännen: da aber hoben alle rings umher die Hände, und jeder bot sich dem Icilius zum Bürgen an. Unter Tränen erwiderte der: »Habt Dank! Morgen werde ich eure Hilfe in Anspruch nehmen. Bürgen sind es jetzt genug.« So wurde Virginia gegen

Bürgschaft ihrer Verwandten einstweilen frei gelassen. [Eine heimtückische Anordnung des Appius, Virginius nicht aus dem Lager zu lassen, kommt zu spät.]

In Rom aber führte mit Tagesanbruch, als die Bürger in gespannter Erwartung auf dem Forum standen, Virginius in Trauerkleidern seine Tochter, ebenfalls in abgetragenem Gewand, unter dem Geleit mehrerer Frauen und einer großen Anzahl von Rechtsbeiständen auf das Forum. Hier ging er bei den Leuten herum, faßte sie bei den Händen, und er erbat ihre Hilfe nicht nur wie eine Gefälligkeit, sondern forderte sie als ihre Pflicht. Er stehe für ihre Frauen und Kinder jeden Tag im Feld, es gebe keinen anderen, von dem man mehr tapfere und kühne Kriegstaten erzählen könne. Was helfe es, wenn in einer Stadt, die von außen nicht bedroht ist, seine Kinder das Schlimmste von dem erleiden müßten, was man sonst in einer eroberten Stadt zu fürchten habe? So beinahe wie in öffentlicher Versammlung redend, ging er von Mann zu Mann. In demselben Sinne sprach Icilius. Aber mehr als alle Worte rührte das Gefolge der Frauen durch seine stummen Tränen. Gegen all das verhärtet – so sehr hatte ihm Raserei mehr als die Liebe seinen Sinn verwirrt – bestieg Appius den Richterstuhl. Während sich der Kläger obendrein noch kurz beschwerte, daß man ihm am Vortag aus Parteilichkeit sein Recht vorenthalten habe, ergriff Appius das Wort, noch bevor der eine seine Forderung vortragen konnte und Virginius Zeit zur Antwort erhalten hatte. Mit welchen Ausführungen Appius sein Urteil bemäntelte, das haben vielleicht im einen oder andern Fall die alten Geschichtsschreiber wahrheitsgemäß überliefert. Weil ich aber nirgends wahrscheinliche Begründungen für einen so schändlichen Spruch finde, so will ich, was nach der Überlieferung feststeht, als nacktes Faktum hierhersetzen: er habe auf Erklärung zur Sklavin erkannt. Anfangs waren alle starr vor Staunen über eine solche Gemeinheit, und es herrschte eine Weile tiefe Stille. Als aber Marcus Claudius durch den Kreis der Frauen dringen wollte, um das Mädchen zu ergreifen, und ihn die Frauen mit herzzerreißendem Jammern empfingen, da rief Virginius, die Hand gegen Appius reckend: »Mit dem Icilius, nicht mit dir, Appius, habe ich meine Tochter verlobt; und zur Ehe, nicht zur Unzucht habe ich sie erzogen. Willst du nach Art des Viehs und der wilden Tiere in hemmungslose Promiskuität verfallen? Ob diese hier das dulden werden, weiß ich nicht; ich hoffe aber, nicht zulassen werden es die, die Waffen haben.« Als die Schar der Frauen und der umringenden Freunde den Kläger zurückdrängte, gebot der Ausrufer Stille.

Der Decemvir, außer sich vor wilder Begier, erklärt, nicht nur das gestrige Geschrei des Icilius und die Heftigkeit des Virginius, für die er das römische Volk zum Zeugen habe, sondern auch gewisse Anzeichen hätten ihm Gewißheit gegeben, daß die ganze Nacht hindurch in der Stadt Versammlungen gehalten worden seien, um einen Aufstand anzuzetteln. Darum sei er, in der Erwartung solcher Auseinandersetzungen, mit Bewaffneten gekommen, nicht um dem, der sich ruhig verhalte, etwas anzutun, sondern um kraft der Würde seines Amts mit den Störern der öffentlichen Ruhe fertig zu werden. Deshalb sei es besser, sich ruhig zu verhalten. »Geh, Liktor«, sagte er, »treibe den Auflauf auseinander und mache dem Eigentümer Platz, damit er, was ihm gehört, ergreifen kann.« Als er voller Wut diese Worte herabgedonnert hatte, trennte sich die Menge von selbst; verlassen stand das Mädchen da, eine Beute der Gewalt. Jetzt als er nirgends Hilfe sah, sprach Virginius: »Ich bitte dich, Appius, vergib zunächst dem väterlichen Schmerz, wenn ich zu heftig auf dich losgefahren bin, und dann gestatte mir in Gegenwart des Mädchens hier die Amme zu befragen, wie die Sache sich verhalte, damit ich, wenn ich fälschlich ihr Vater hieß, gleichmütiger von hier weggehe.« Er erhielt die Erlaubnis, führte Tochter und Amme beiseite in die Nähe des Tempels der Cloacina[2] zu den Buden, welche jetzt die neuen heißen. Dort riß er einem Metzger das Messer aus der Hand und rief: »Mit diesem letzten Mittel, was ich noch habe, meine Tochter, rette ich deine Freiheit!« Damit durchstieß er die Brust des Mädchens und rief, rückwärts zum Richterstuhl gewandt: »Auf dich, Appius, und dein Haupt rufe ich mit diesem Blut einen Fluch herab.« Es erhob sich ein lautes Geschrei über die gräßliche Tat. Voller Schrecken darüber befahl Appius, den Virginius zu verhaften. Dieser bahnte sich, wo er ging, mit dem Messer den Weg, bis er gedeckt durch die nacheilende Menge, das Tor erreichte. Icilius und Numitorius hoben den verbluteten Leichnam auf und

2. Bezeichnung der Venus nach dem Tempel, der sich in der Nähe der Cloaca maxima befand.

zeigten ihn dem Volk. Sie brachen in Klagen aus über das Verbrechen des Appius, über die unselige Schönheit des Mädchens und die ausweglose Zwangslage des Vaters. Die Frauen zogen hinterher und schrien, ob das das Los ihrer Kinder sei? Das der Lohn der Keuschheit? [...] Die Männer, besonders Icilius sprachen nur von der abgeschafften tribunizischen Gewalt und der abgeschafften provocatio an die Volksversammlung und von der allgemeinen Unzufriedenheit.

[Die Unruhen breiten sich aus: nicht nur Plebejer, sondern auch Angehörige der Senatspartei stellen sich gegen Appius, der sich zurückziehen muß. Virginius wiegelt im Lager einen Teil des Heeres auf, zieht nach Rom und besetzt den Aventin[3]. Der Senat, aus dessen Mitte die Decemvirn stammen, ist zu Verhandlungen mit der plebs gezwungen. Die Decemvirn werden im Senat überstimmt und müssen schließlich zurücktreten. Tribunat und provocatio werden wiederhergestellt. Die volksfreundlichen Senatoren L. Valerius und M. Horatius werden Konsuln; allerdings beginnen schon unter ihrer Herrschaft die Spannungen zwischen plebs und Senatspartei aufs neue (III, 55). Appius wird ins Gefängnis geworfen, wo er sich selbst tötet: Die Gewalttat gegenüber Virginia schlägt unmittelbar in Revolte um, in deren Verlauf die Usurpatoren vertrieben, Recht und Gesetze wiederhergestellt werden.]

Dionysios von Halikarnass (1. Jh. v. Chr.), griechischer Rhetor ebenfalls im augusteischen Rom, malt in seinen »Antiquitates Romanac« die Verführungsversuche des Appius und vor allem Reden und Gegenreden der beiden Parteien vor Gericht mit noch größerer Ausführlichkeit aus; Appius selbst bezeugt, als Vormund des M. Claudius von dessen sterbendem Vater Kenntnis des Betrugs erhalten zu haben, er habe nur mit der Untersuchung warten wollen, bis M. Claudius erwachsen war, dann aber hätten seine Amtsgeschäfte es nicht zugelassen, die Sache weiter zu verfolgen. Virginius bittet nach dem ungerechten Spruch, von seiner Tochter Abschied nehmen zu dürfen; unter Tränen spricht er auf sie ein und stößt ihr schließlich das Messer mit den Worten in die Brust: »Frei und unbefleckt, mein Kind, sende ich dich zu den Ahnen in der Unterwelt; im Leben war dir beides nicht vergönnt durch den Tyrannen« (Ant. Rom. XI, 37).

3. der südwestlichste der sieben Hügel Roms.

Das Schicksal der Virginia wurde bis hin zur Renaissance immer wieder neu erzählt, so im spätmittelalterlichen »Roman de la Rose«, von Giovanni Boccaccio (in: »De claris mulieribus« und »De casibus virorum illustrium«), im »Pecarone« des Ser Giovanni Fiorentino und in Chaucers »Canterbury Tales«.

2. *Dramatische Bearbeitungen*

Übersicht (Auswahl)

16. Jh. Deutschland: Hans Sachs (1530); England: Anonym (1575); Spanien: La Cueva (1580).
17. Jh. Frankreich: Mairet (1635); Leclerc (1645); Campistron (1683); England: Webster (1654); Betterton (1679).
18. Jh. Spanien: Montiano y Luyando (1750); England: Dennis (1709); Crisp (1754); Moncreiff (1755); Brooke (1756); Deutschland: Patzke (1755); Ayrenhoff (1790); Frankreich: La Beaumelle, Chabanon (1767); Italien: Gravina (1712); Alfieri (1777).
19. Jh. Deutschland: v. Soden (1805).

Hans Sachs (1494–1576) bearbeitet den Stoff zu einer »Tragedia, mit 24 personen zu agiren«. In der knappen Anlage der »Tragedia« treten vor allem die Gerichtsszenen mit der Vernehmung wahrer und falscher Zeugen sowie die Bestrafung der Übeltäter durch die neugewählten »burgermeister« (= Konsuln) hervor. Der Gegensatz zwischen Plebejern und Patriziern, aber auch die Psychologie der beteiligten Personen spielen kaum eine Rolle. Am Ende erscheint der Herold und spricht die Quintessenz des Stücks aus:

»Inn der geschicht zu Rom geschehen
Habt ir als in eym spiegel gsehen,
Wie alle ungerechtigkeyt
Kumpt an den tag zu seiner zeyt,
Gestraffet auß götlicher rach,
Vor aller welt zu schand und schmach,
Ob sie gleich lang zeyt hat getrucket,

Frümbkeyt[4] und warheit undterbucket[4a].
Die kumpt ans liecht doch widerumb
Mit grossem preyß, lob, ehr und rhum,
Gedechtnuß-wirdigklich erhaben,
Mündtlich und schrifftlichen buchstaben,
Als außweysen die zwo parthey.
Auch über das secht ir darbey,
Wo herrschaft seins gewalts mißbraucht,
Wie plötzlich sie zu grunde haucht.
Wo sie wütet in tyranney,
Mutwilt in aller büberey,
Da wirt der undterthon auch mürrisch,
Unwillig, unghorsam, auffrürisch.
Deß reich zu grund geht an dem end.
Dargegen wo gut regiment
Ist über leut und über land,
Des hat ein langwiring beystand,
Bey dem gemeinen mann groß lob,
Das schwebt in rhum gekrönet ob.
Hierauß ein mensch soll undter-scheyden,
Das gut zu thun, das böß zu meyden,
Flich untrew, dück und falsche renck,
Sunder auff redligkeyt gedenck.
Darvon hat er lob, preiß und ehr.
Dardurch sein nam ye lenger mer
Gedechtnuß-wirdig aufferwachs!
Das wünschet uns allen Hans Sachs.«

(Hans Sachs: Werke, hkA. Bd. 2, hrsg. von Ad. von Keller. Stuttgart 1870. S. 19 f.)

Der französische Dramatiker Jean Galbert de Campistron (1656–1723), dessen Dramen Lessing wenigstens zu einem Teil kannte, beseitigt in seiner »Virginie« die ständischen Unterschiede zwischen Plebejern und Patriziern: aus dem Rebellen Icilius wird ein chevalier romain. Appius ist der Tyrann des barocken Trauerspiels, hilflos seinen Leidenschaften preisgegeben, dabei zögernd in der Ausführung seiner Pläne, ein Werkzeug in den Händen seines Vertrauten Clodius, der sich an Icilius rächen will. Virginia ist eine Märtyrerin der Unschuld, die ebenso wie die Prinzessinnen

4. Rechtschaffenheit.
4a. unterdrückt.

der klassischen französischen Tragödie von ›honneur‹ und ›rang‹ und den sich daraus ergebenden Verpflichtungen spricht. Das Stück, streng die Einheit von Ort (Palast des Appius) und Zeit beachtend, setzt ein, nachdem Appius Virginia schon entführt hat, und zwar in dem Augenblick, als sie sich im Tempel mit Icilius verloben wollte. Den nachträglichen Rechtsgrund soll das Märchen vom untergeschobenen Kind liefern. Die Gespräche der Protagonisten offenbaren die tückischen Pläne des Appius und die Standhaftigkeit der Virginia, durch die sie gerade ihre adlige Herkunft und die Ungeheuerlichkeit der Unterstellung beweist (I, 4, den Lehren ihrer Mutter und dem Andenken ihrer Ahnen treu, ist Virginia zum Tode bereit; die Mutter antwortet: Der Plan zu sterben, um deinen Rang zu behaupten, ist meiner Tochter würdig, ist würdig meiner Herkunft.[5]) Als sie Icilius entsagen will, weil sie fürchtet, doch Kind einer Sklavin zu sein, zeigt auch das ihre vornehme Abkunft (II, 2, Icilius: Niemals würde ein Herz in der Sklaverei, geprägt durch niedrige Abkunft [vil sang] von einer solchen Gesinnung beseelt sein; so stolz es auch wäre, irgendwann würde irgendeine Schwäche die ursprüngliche Niedrigkeit offenbaren.[6]) Auch die Aussicht, mit Appius die Puissance suprême zu teilen (II, 4), kann sie nicht verlocken. Icilius nimmt das Verbrechen des Appius zum Anlaß, Rom von seinen Tyrannen zu befreien. Als der Plan verraten wird, beschließen die Liebenden zu sterben, als Muster der Treue für alle künftigen Zeiten. Es gelingt Icilius zwar, sich zu befreien und Appius zu töten, aber zu spät: Clodius hat Virginia schon weggeführt, in letzter Sekunde eilt ihr Vater hinzu, aber Virginia kann nicht bloßes Opfer sein; ein Vertrauter berichtet so ihren Tod:

»Ich höre, wie sie ihm sagt: ›O Herr, ach geben Sie mir den Tod und retten Sie meine Keuschheit.‹ Voller Überraschung bewundert Virginius ihre Entschlossenheit, er stöhnt vor Liebe und zugleich vor Wut: ›Darf ich‹, sagt er, ›deinem grausamen Wunsch gehorchen? Aber nicht zu gehorchen hieße

5. Le dessein de mourir pour conserver ton rang,
Est digne de ma fille, est digne de mon sang.

6. Un coeur dans l'esclavage, et d'un vil sang formé
D'un courage si grand n'est jamais animé;
Et quelque fier qu'il soit, toûjours quelque foiblesse,
Découvre tôt ou tard sa première bassesse.

dich verraten. Wir wollen deiner Seele ihren Wunsch erfüllen und trotz meiner Schwäche deine Keuschheit der Gefahr entreißen, die sie bedroht; durch eine grausame Tat wollen wir unsere Liebe beweisen und uns unmenschlich zeigen aus Übermaß an Mitleid; und das ganze Universum, wissend, daß ich Vater bin, soll meinen Mut bewundern und mein Elend beweinen.‹ «[7]
Virginius ergreift ein Messer, zögert aber im letzten Moment, schon will man die Tat verhindern, eine Hilfe, die in den Augen Virginias nur ihr Leben verlängert, aber ihren Ruhm aufs Spiel setzt[8]; so führt sie selbst die Hand des Vaters gegen ihre Brust.

Obwohl von Lessing 1754 (vgl. Kap. III) als Beispiel eines bodenständigen spanischen Nationaldramas gefeiert, ist die »Virginia« (1750) des Don Agustín Montiano y Luyando (1697–1764), wie Lessing später erkannte, vor allem dem französischen Klassizismus verpflichtet. Campistrons Bedenken, Plebejer als Tragödienhelden zu zeigen, begegnet er mit der Frage seiner Virginia an Jupiter: ob sich an ihr erweisen solle, daß es in Rom nichts Kleines gebe und daß, so wie Roms Senatoren den Glanz von Monarchen noch überstrahlen, das Herz eines römischen Plebejers sich mit dem des hervorragenden Vertreters einer anderen Nation messe[9]. In der Motivation folgt Montiano weitgehend Livius und Dionysios; besonders bemüht er sich, die »zwei Handlungen« – Schicksal der Virginia und Befreiung Roms – zu einer zu

7. j'entens qu'elle lui dit: Seigneur,
Ah! donnez-moi la mort, et sauvez ma pudeur.
Virginius surpris admire son courage;
Il soupire à la fois, et d'amour et de rage:
A tes désirs cruels, dit-il, puis-je obeïr?
Mais ne t'obeïr pas ce seroit te trahir;
Satisfaisons ton ame, et malgré ma foiblesse,
Dérobons ta pudeur au péril qui la presse,
Par un coup rigoureux prouvons nôtre amitié,
Montrons-nous inhumains par excès de pitié,
Et que tout l'Univers sçachant que je suis Pere,
Admire mon courage, et plaigne ma misere.

8. Virginie en tremblant voit venir ce secours,
Qui hazarde sa gloire en conservant ses jours.

9. que no hay pequeño en la gran Roma
y que assì como son sus senadores
aun de lustre mayor que los Monarchas
un corazòn plebeyo se regula
por el mas distinguido de otro Pueblo?

verschmelzen, indem die Interessen der Senatoren, den Sturz des Tyrannen über die Rettung des Mädchens zu stellen, ein rechtzeitiges Eingreifen verhindern. Zentrales Motiv ist der ›pundonor‹, die Ehre, die durch Appius' unziemliche Werbung beleidigt ist (die Schamhaftigkeit der Virginia läßt es nicht einmal zu, ihrem Verlobten gegenüber diese Schmach anzudeuten). Erst nachdem Virginia Gelegenheit gegeben war, Werbung und Drohungen des Tyrannen mit aller Verachtung zurückzuweisen, entschließt sich dieser zum Anschlag auf ihre Freiheit (IV, 1). Das Weitere folgt den antiken Berichten: Lucio (Virginius) darf seine Tochter beiseite führen; mit blutigem Dolch kommt er zurück: »Jetzt, du Barbar – O Schmerz – Jetzt, du Mörder – Ach, erstickte ich doch an der Qual, mit der ich atme! – Jetzt blieb die Ehre ohne Makel, vom Stoß dieses Dolches ist Virginias Schönheit zerstört, die mit Freuden in ihrer Blüte ihr Leben opferte, um ihre Reinheit vor deinen Begierden zu bewahren.«[10]

Die »Virginia« (1754) des Dilettanten Samuel Crisp enthält in der eifersüchtigen Marcia ein Vorbild für die Gestalt der Orsina. Eine Übersetzung des ersten Auftritts durch Lessing wurde lange Zeit als Vorstufe zur »Emilia Galotti« angesehen:

Die Szene ein Zimmer im Hause des Claudius. – Claudius, Rufus.

Claudius. Wardst du es gewahr, Rufus? Als wir jetzt bei dem Hause des Virginius vorbeigingen, mit welcher Verachtung er uns anblickte?

Rufus. Alter und wahnwitzige Träume von Rom und Ehre haben ihm das schwärmerische Gehirn verrückt.

Claudius. Sahst du, mit welcher ungestümen Eilfertigkeit, mit was für finstern Blicken er herausging?

10. Yà barbaro, (que pena!) yà homicida,
(ò! ahogueme el afàn con que respiro!)
yà el pundonor quedò sin contingencia,
de este puñal al golpe destrozada
la beldad de Virginia; que gozosa
sacrificò su floreciente pecho,
por librar de tu antojo su pureza.

(Discursos sobre las tragedias españolas de D. Agustín de Montiano y Luyando. Madrid 1750)

Rufus. Und was mochte die Ursache sein?

Claudius. Eben ist ein Befehl angelangt, der ihn ins Lager zurückruft, weil man sich alle Stunden einer Schlacht versieht. Ein glücklicher Umstand, der dem Anschlage unsers Dezemvirs auf seine schöne Tochter zustatten kommen wird!

Rufus. Diese rasche Verfolgung eines versprochenen Mädchens, fürchte ich, wird einen unglücklichen Ausgang haben. – Sollte Appius Gewalt brauchen! – – – Ich zittre bei diesem Gedanken. Virginius ist durchgängig verehrt; sein silbernes Haar, sein Ruhm, seine rauhe Beredsamkeit würde ganz Rom empören! – Wir müssen darauf denken, den Appius von einem so verzweifelten Unternehmen abzubringen.

Claudius. Vergebens! Unmöglich! – – Seine stürmische Leidenschaft spottet aller Vorstellungen. – Nichts mehr hiervon! Denn ich sage dir, uns steht weiter keine Wahl frei, als die Wahl der besten Mittel, sie durch Liebkosungen in seine Arme zu bringen.

Rufus. Durch Liebkosungen, in seine Arme? Claudius! – Du weißt, sie ist versprochen; mit dem jungen Icilius versprochen; und wie zärtlich liebt sie ihn, dieses Schoßkind des Volks, dem er als Tribun so mutige Dienste geleistet.

(Werke, Bd. 10, S. 183 f.)

Johann Samuel Patzke (1727–87) betont im Vorwort zu seiner »Virginia«, wie schwer es sei, die beiden Handlungen in der Erzählung des Livius zu einer einzigen zu verbinden. Das in holprigen Alexandrinern geschriebene Stück zeigt dann auch geradezu einen Konflikt zwischen dem Kampf um die Freiheit Roms und dem für die Unschuld Virginias (der den Verlobten Icilius dauernd zu politisch unkluger Übereilung verleitet): privates und öffentliches Interesse sind nicht mehr so selbstverständlich verknüpft wie bei Livius. Die Konstellation Märtyrerin / von Leidenschaften getriebener Tyrann besteht fort, doch tritt der Ständekampf wieder stärker hervor, z. B.:

Numitor. Rom kennet keinen Herrn, als seine Bürger nur.
Er [!] lernte frei zu sein; von wem? von der Natur!

(Patzke: Virginia. Frankfurt a. M. 1755. S. 22)

In der »Virginia« von Goethes Altersgenossen Vittorio Alfieri (1749–1803) tritt der Kampf für die Freiheit ganz in den Vordergrund, gleich in den ersten Worten der Virginia, die beim Anblick des Forums an die Unterdrückung der Freiheit durch die possanza assoluta, die unumschränkte Macht der Tyrannen, erinnert wird. Beruft man sich auf seiten des Appius wenigstens anfangs auf die Gesetze und die autorità legittima sovrana (die legitime Herrschaft des Souveräns; vgl. I,3; II, 2 usw.), so in der Partei des Icilius auf das Volk. Die Plebejer sind von einem starken Standesbewußtsein geprägt (I, 1, Virginia: »Als Plebejerin rühme ich mich, dem Icilius ebenbürtig zu sein; weinen würde ich, stände meine Wiege in einem adligen Haus: dann wäre ich geringer als er.« Ihre Mutter antwortet über die Adligen: »Je nachdem, ob der Wind günstig oder ungünstig weht, sind sie hochfahrend oder kriechend, immer aber schändlich.«[11]). Icilius spielt seine Abkunft gegen seine Gesinnung aus: »Ich, der ich unedlen Bluts mich rühme und eines edlen Herzens.«[12] Nachdem der erste Aufschub vor Gericht erreicht und Virginius in Rom eingetroffen ist, rät diesem Icilius, seine Hoffnung ganz auf das Volk zu setzen: »Mitleid sollte man nirgends suchen als im Herzen des Volkes: es allein kann dem Vater die Tochter, mir die Gattin, sich selbst die Ehre und Rom die Freiheit wiedergeben.«[13] Es beginnt eine Auseinandersetzung zwischen dem Revolutionär Icilius und dem vorsichtigeren Virginius, der lieber zunächst alle legalen Mittel ausnutzen will, um Blutvergießen unter seinen Mitbürgern zu vermeiden und – letztlich ohne Erfolg – Unschuldige in sein trauriges Geschick zu verwickeln.[14] Icilius dagegen meint: »Entweder sterben sie tapfer, dann waren sie zu schade für

11. Plebea, mi vanto esser d'Icilio eguale;
Piangerei d'esser nata in nobil cuna,
Di lui minor pur troppo.
[. . .]
Num. A seconda dell' aura o lieta, o avversa,
Or superbi, ora umili, e infami sempre. (I, 1)

12. che ignobil sangue vanto
e nobil cor. (I, 3)

13. Nè pietade altronde
Cercar, che in cor di plebe: ella può sola
Render la figlia al padre, a me la sposa
A se l'onor, la libertade a Roma. (III, 1)

14. Ma, di sangue civil tinger mio brando,
Avvilupar nella mia fera sorte
Tanti innocenti, e invano. (III, 1)

die Sklaverei, oder feige, dann verdienten sie nicht, unter uns zu leben.«[15] Auch Virginia selbst ist bereit, sich für die Sache der Bürger zu opfern: »Wenn heute, um Rom aus seiner Lethargie aufzustören, durchaus unschuldiges Blut, noch unbefleckt, fließen muß, dann Vater, Geliebter: stoßt zu; hier ist meine Brust!«[16] Virginius' Versuche, auf dem Wege des Rechts Erfolg zu haben, scheitern. Um Zeit zu gewinnen, versucht Appius, verstört durch die Unruhe im Volk, Virginius von Icilius zu trennen: Virginia sei frei, sofern sie nicht die Frau des Icilius würde, der ja selbst nur Tyrann werden wolle. Dieser Versuch mißlingt zwar, doch können die Leute des Appius Icilius heimtückisch überfallen; angesichts der Übermacht tötet sich Icilius selbst. Zuvor noch hatte er gesagt, sollte der Tyrann fallen, so wolle er selbst nichts sein als Römer, Bürger, frei, gleichgestellt jedem Römer, unterworfen nur den Gesetzen, größer nur als die, die gegen diese verstoßen.[17] Virginia, die bei ihm war, hat man am Sterben gehindert. Ihr Vater jedoch ersticht sie, jetzt, als das verängstigte Volk von Rom keine andere Hoffnung mehr läßt. Ihr Tod entfesselt den Aufstand: mit den Worten des Virginius: »Appius ist ein Tyrann, er soll sterben!« und der Antwort des Volks: »Appius, Appius sterbe!« schließt das Drama.

An »Emilia Galotti« anschließende Stücke

Johann Jakob Bodmer: Odoardo Galotti. Vater der Emilia (1773; gedr. Augsburg 1778).
Friedrich Wilhelm Basilius von Ramdohr: Odoardo und seine Tochter (Leipzig 1799).
Bianka. Ein tragisches Gemälde in fünf Aufzügen. Seitenstück zu Emilia Galotti (Leipzig [2]1802).
Gustav Anton von Seckendorff: Orsina, ein Trauerspiel in

15. O muojon prodi,
Degni non eran di servire; o vili,
Non degni eran di vivere tra noi. (III, 1)

16. E se a svegliar dal suo letargo Roma,
Oggi è pur forza che innocente sangue,
Ma non ancor contaminato corra,
Padre, sposo, ferite: eccovi il petto. (III, 3)

17. – Romano, cittadin, libero; pari
D'ogni roman; minor, sol delle leggi;
Maggior, de'rei soltanto. (V, 1)

(Alfieri: Tragedie. T. 2. Roma 1810)

fünf Aufzügen, als Folgestück aus Lessings Emilia Galotti (Braunschweig 1815).

Johann Jakob Bodmer (1698–1783), mit J. J. Breitinger als Gegenspieler Gottscheds einer der bedeutendsten Theoretiker der literarischen Aufklärung, ist der Autor einer recht zusammengestoppelten parodierenden ›Fortsetzung‹ der »Emilia Galotti«. Wie sich herausstellt, war alles gar nicht so schlimm, Appiani nur verwundet, der Prinz nur vorübergehend durch Marinelli irregeleitet, aber durchaus besserer Einsicht fähig. Erschüttert bittet er am Ende um Verzeihung: »Halten Sie mich nicht für so leer an Einsichten, daß ich nicht immer gewußt habe, daß ich nicht alles darf, was ich will; nicht Gesetze machen darf, wie meine Laune, und meine Begierde, sie wollen« (S. 27). Um so ungeheuerlicher erscheint nachträglich Odoardos Tat. Karikierend sucht Bodmer einige mögliche Motive herauszustellen:

Odoardo. Sammle die Kräfte deiner weichlichen Seele zusammen, Claudia, laß dich von dem Gedanken erheben, daß du Claudia Galotti bist, Odoardos Vermählte; sey, wie Odoardos Frau seyn soll.

Claudia. Heilige Jungfrau! welcher Gruß, welche Anrede! wo haben Sie Emilien gelassen?

Odoardo. Sey ruhig, wie du mich ruhig siehst. Der Mann von starker Seele, der biedere und gute, voller treuherziger Redlichkeit, und heißer Ehrliebe hat gesieget – es war ein schwerer Kampf – über den Vater gesieget. (S. 8)

Odoardo. In dem Hause Galotti müssen alle Söhne tapfer, und alle Töchter unbeflecket seyn. Es war eine grausame, schreckliche That eines Vaters; aber nur für die schwache Seele, die nicht empfindet, daß sie an des Vaters Stelle selbst den Dolch gezückt hätte; und so muß jeder empfinden, der die ächten Begriffe von Ehre hat. (S. 12)

Odoardo. Die Person des Prinzen ist mir heilig; ich fluche der Hand, die sich an dem Souverain des Gesetzes vergreift.

Appiani. Der Räuber, der Verführer, der Schänder unserer Töchter und Frauen, hat das Recht auf den Titel des Geheiligten verwürket; wir zeugen ihm nicht Kebsweiber, und wir heurathen ihm nicht Spielzeuge seiner Wohllust. (S. 17 f.)

Odoardo. Sie selbst erzitterte vor der Versuchung; sie wollte sich nicht in Versuchung begeben, damit sie nicht darinnen umkomme.

Appiani. Sie, Odoardo, sollten doch ein wenig auf die Tugend gebaut haben.

Odoardo. Ich glaube an keine unüberwindliche Tugend; und sie selbst sah der Versuchung mit Zaghaftigkeit und Mistrauen entgegen. Eines Tages war sie nur eine Stunde und unter den Augen ihrer Mutter in dem schändlichen Hause gewesen, und es erhob sich so mancher Tumult in ihrer Seele, den die strengsten Übungen der Religion kaum in Wochen besänftigen konnten.

Appiani. O mein Herr, hüten sie sich diesen Widerspruch in den Charakter und das Betragen des unwissendsten Herzens, was Laster ist, zu bringen. Sie, sie waren zu rasch, ihrem argwöhnischen, rauhen, stolzen Herzen zu glauben und zu folgen. Sie haben die reinste Unschuld hingerichtet; und sind diese Tropfen Blutes, die ich auf ihrem Kleide sehe, aus den reinsten Adern darauf geflossen? O verwehret mir nicht, daß ich diesen theuren, einzigen Nachlaß aufküsse; ich kann nicht edlere Tropfen in mich ziehen.

(S. 19 f.)

III. Dokumente zur Entstehungsgeschichte

1754 übersetzte Lessing in der »Theatralischen Bibliothek« Hermillys detaillierte Inhaltsangabe der spanischen Virginia-Tragödie von Agustín Montiano y Luyando (erschienen 1750 in Madrid). Am 23. August 1755 rezensierte er für die »Berlinische privilegirte Zeitung« Johann Samuel Patzkes Trauerspiel »Virginia«. Wieder beschäftigte er sich mit dem Stoff, als er eine Übersetzung der »Virginia« des Henry Samuel Crisp (aufgeführt 1754 in London) begann. Ein Bruchstück dieser Übersetzung wurde lange Zeit als eigener Entwurf Lessings zu einer Virginia-Tragödie angesehen. Lessings Freund, der Schriftsteller, Popularphilosoph und Verleger Friedrich Nicolai (1733–1811), setzte 1757 einen Preis für eine Tragödie in deutscher Sprache aus. Im Zusammenhang mit diesem Vorhaben spricht Lessing zum ersten Mal von dem Plan der späteren »Emilia Galotti«.

22. 10. 1757. Lessing an Moses Mendelssohn:

»Es arbeitet hier noch ein junger Mensch an einem Trauerspiele, welches vielleicht unter allen das beste werden dürfte, wenn er noch ein Paar Monate Zeit darauf wenden könnte.«

(Schriften, Bd. 17, S. 126)

Lessings Mystifikation ist darauf zurückzuführen, daß die Beiträge zum Wettbewerb anonym eingesandt werden sollten; ein Umschlag mit dem Namen war beizufügen, wurde jedoch nur bei der prämiierten Tragödie geöffnet.

25. 11. 1757. Lessing an Friedrich Nicolai:

»Die Tragödie, an der ein junger Mensch hier noch arbeitet; sollen Sie in drey Wochen haben. Sie verdient es, mit gedruckt zu werden.«

(Schriften, Bd. 17, S. 128)

21. 1. 1758. Lessing an Friedrich Nicolai:

»[Er schlägt vor, den »jetzigen Preis« für ein Trauerspiel zu einem zweiten zu schlagen und das nächste Mal die doppelte Summe auszusetzen.] Unterdeß würde mein junger Tragikus fertig, von dem ich mir, *nach meiner Eitelkeit*, viel Gutes verspreche; denn er arbeitet ziemlich wie ich. Er macht alle sieben Tage sieben Zeilen; er erweitert unaufhörlich seinen Plan und streicht unaufhörlich etwas von dem schon Ausgearbeiteten wieder aus. Sein jetziges Sujet ist eine bürgerliche Virginia, der er den Titel Emilia Galotti gegeben. Er hat nehmlich die Geschichte der römischen Virginia von allem dem abgesondert, was sie für den ganzen Staat interessant machte; er hat geglaubt, daß das Schicksal einer Tochter, die von ihrem Vater umgebracht wird, dem ihre Tugend werther ist, als ihr Leben, für sich schon tragisch genug, und fähig genug sey, die ganze Seele zu erschüttern, wenn auch gleich kein Umsturz der ganzen Staatsverfassung darauf folgte. Seine Anlage ist nur von drey Akten, und er braucht ohne Bedenken alle Freyheiten der englischen Bühne. Mehr will ich Ihnen nicht davon sagen; so viel aber ist gewiß, ich wünschte den Einfall wegen des Sujets selbst gehabt zu haben. Es dünkt mich so schön, daß ich es ohne Zweifel nimmermehr ausgearbeitet hätte, um es nicht zu verderben.«

(Schriften, Bd. 17, S. 133)

Über diese dreiaktige »Emilia Galotti« sagt Nicolai:

»Von dieser ersten Anlage ist in diesem Meisterstücke vielleicht noch einige Spur, wenn man den Plan genau betrachtet. Ich habe diesen Plan in drey Akten gesehen, als Lessing 1775 in Berlin war. Nach demselben war die Rolle der Orsina nicht vorhanden, wenigstens nicht auf jetzige Art.«

(Schriften, Bd. 17, S. 133)

Während seiner Tätigkeit als Dramaturg in Hamburg (1767 bis 1770) nimmt Lessing die Arbeit an »Emilia Galotti« wieder auf. Rückblickend schreibt er am 10. Februar 1772 an seinen Bruder Karl:

»Das Süjet davon war eins von meinen ältesten, das ich einmal in Hamburg auszuarbeiten anfing. Aber weder das alte Süjet noch die Hamburger Ausarbeitung habe ich jetzt brauchen können, weil jenes nur in drey Acte abgetheilt, und diese so angelegt war, daß sie nur gespielt, aber nie gedruckt werden sollte.«

(Schriften, Bd. 18, S. 19)

Seit dem Spätherbst 1771 entsteht die endgültige Gestalt des Trauerspiels. Lessing ist inzwischen herzoglich-braunschweigischer Bibliothekar in Wolfenbüttel.

24. 12. 1771. Lessing an seinen Verleger Christian Friedrich Voß:

»Mit meinem neuen Stücke hätte ich vor, es auf den Geburthstag unsrer Herzogin, welches der 10te März ist, von Döbblinen[1] hier zum erstenmale aufführen zu laßen. Nicht Döbblinen zu Gefallen, wie Sie wohl denken können: sondern der Herzoginn, die mich, so oft sie mich noch gesehen, um eine neue Tragödie gequält hat. In diesem Falle müßte ich Sie aber bitten, es zu verhindern, daß Koch sie nicht etwa vor besagten 10tn März spielte. Denn sonst würde das Kompliment allen seinen Werth verlieren.
Ich kann itzt meine Arbeit mit aller Zuversicht zusagen: denn ich fühle mich gesund, und hoffe, daß es eine Weile damit dauern soll. Auch bin ich über diese neue Tragödie fast wieder in den Geschmak des Dramatischen gekommen, und wenn die Lust anhält (und eine einzige ganz eigne Verhinderung nicht dazu kömmt) so verspreche ich Ihnen auf den Sommer einen ganzen neuen Band zu den Lustspielen.«

(Schriften, Bd. 17, S. 423)

31. 12. 1771. Lessing an seinen Bruder Karl:

»Mit meiner Tragödie geht es so ziemlich gut, und künftige Woche will ich Dir die ersten drey Acte übersenden. Mich verlangt, was Du davon sagen wirst. Mache nur, daß sogleich daran kann gedruckt werden.« (Schriften, Bd. 17, S. 427)

25. 1. 1772. Lessing an seinen Bruder Karl:

»Die erste Hälfte meiner neuen Tragödie wirst Du nun wohl haben; und ich bin sehr begierig, Dein Urtheil darüber zu vernehmen. Ich habe über keine Zeile derselben eine Seele, weder hier noch in Hamburg, können zu Rathe ziehn; gleichwohl muß man wenigstens über seine Arbeit mit jemand sprechen können, wenn man nicht selbst darüber einschlafen soll. Die bloße Versicherung, welche die eigene Kritik uns gewährt, daß man auf dem rechten Wege ist und bleibt,

1. Karl Theophil Döbbelin (1727–93), in den sechziger Jahren Leiter einer Theatertruppe in Berlin, war 1771 seinem Konkurrenten Heinrich Gottfried Koch (1703–75) ausgewichen und spielte in verschiedenen norddeutschen Städten. 1775 wurde er als Nachfolger Kochs Schauspieldirektor in Berlin.

wenn sie auch noch so überzeugend wäre, ist doch so kalt und unfruchtbar, daß sie auf die Ausarbeitung keinen Einfluß hat.
Binnen acht Tagen, wenn ich mit dem Abschreiben nicht aufgehalten werde, soll der Rest folgen. Nun bitte ich Dich nur, auf die Correctur allen Fleiß zu wenden.«

(Schriften, Bd. 18, S. 10)

25. 1. 1772. Lessing an Christian Friedrich Voß:

»Die erste Hälfte meiner neuen Tragödie, werden Sie nun wohl in Händen haben. Ich habe Ihnen eine neue Tragödie versprochen; aber wie gut oder wie schlecht – davon habe ich nichts gesagt. Je näher ich gegen das Ende komme, je unzufriedner bin ich selbst damit. Und vielleicht gefällt Ihnen auch schon der Anfang nicht.«

(Schriften, Bd. 18, S. 11)

3. 2. 1772. Karl Lessing an G. E. Lessing:

»In Deiner Emilia Galotti herrscht ein Ton, den ich in keiner Tragödie, so viel ich deren gelesen, gefunden habe; ein Ton, der nicht das Trauerspiel erniedrigt, sondern nur so herunterstimmt, daß es ganz natürlich wird, und desto leichter Eingang in unsere Empfindungen erhält. Ich besinne mich wohl, daß Du in Deiner Dramaturgie aus dem Bankschen Trauerspiele Elisabeth oder Essex[2] einige Scenen in eine solche Sprache übersetzt hast; aber wer diese Scenen im Originale suchen will, (denn ich habe es gelesen) – der muß seyn, was Du bist. Doch Recht! Du hast selbst erinnert, daß Banks Sprache bald platt, bald schwülstig ist. Ich bin begierig, ob Du Dich in diesem Tone bis an das Ende erhalten wirst. [...]
Aber die Wahrheit der Charaktere, die Du zeichnest, muß ich noch über die Schönheit der Sprache setzen. Der Prinz von Guastalla ist, wie unsere guten Prinzen, klug, verständig, zurückhaltend, von heftigen Leidenschaften, verliebt oder ehrgeitzig – diesen Leidenschaften opfern sie alles auf, so menschlich sie auch sonst sind. Die Scenen zwischen Rota und dem Prinzen, ingleichem die mit dem Maler werden

2. John Banks, »The Earl of Essex, or the unhappy favourite« (1682). Lessing besprach das Stück in der Hamburgischen Dramaturgie (54. Stück ff.) und gab im 57. Stück eine Übersetzungsprobe.

Deine Kenntniß dieser Menschen Zeile für Zeile bezeichnen. Marinelli, ein wahrer feiner Kammerherr! Und die Scene, wo er dem rechtschaffenen Appiani die Gesandtenstelle im Namen des Prinzen anträgt – wie *die* bey der Vorstellung gefallen wird, bin ich begierig. Meinen völligen Beyfall hat sie; aber leider! habe ich die Erfahrung, daß dasjenige, was mir außerordentlich gefallen hat, oft von dem Publicum sehr kalt aufgenommen worden ist.

Nur wider die Emilia Galotti habe ich etwas auf dem Herzen. [...] Noch hast Du sie nur als fromm und gehorsam geschildert. Aber ihre Frömmigkeit macht mir sie – aufrichtig! – etwas verächtlich, oder, wenn das zu viel ist, zu klein, als daß sie zum Gegenstand der Lehre, des edlen Zeitvertreibs und der Kenntniß für so viele tausend Menschen dienen könnte. Du wirst zwar sagen: so werden die Mädchen in Italien erzogen; so denken sie; so handeln sie; noch hat sich keine Spur von Freydenkerey in ihre Religion eingeschlichen. Alles gut, lieber Bruder. Allein über das Locale sollte man nicht höhere Zwecke vergessen. Jede gute Person, die ein einnehmendes Muster für die Zuhörer seyn soll, könnte zwar ihre Mutterreligion haben; aber sie müßte nicht solche Punkte derselben äußern, die einen gar zu kleinen Verstand, gar zu wenig Selbstdenken verrathen: sondern nur das, was die allgemeine Religion aller rechtschaffnen und denkenden Menschen billigt und auszuüben trachtet. Emilia geht in die Messe. – Sie ist eine Katholikin. – Mag sie doch! Sie redet aber von den Bedeutungen der Perlen im Traum. Auch daß sie sogar ängstlich thut, weil sie der Prinz in der Messe angeredet, macht mir keinen großen Begriff von ihrem Verstande; und ein gar zu kleiner Verstand mit dem besten Herzen deucht mir für die edlen Personen des Trauerspiels unter der Würde desselben. Und nimmt man vollends Rücksicht auf die Zuschauer in Berlin, die unter den freyer denkenden Deutschen die freydenkendsten sind, so glaube ich – hätte ich Recht. Vorausgesetzt, daß Deine Emilia in den letzten Acten keine anderen Vorzüge zeigt.

Deine Minna, Deine Miß Sara, Deine Juliane[3] sind auch fromm; aber sie haben nicht das Pedantische der Religion, sie haben das, was man an seinem geliebten Gegenstande zu finden wünscht.«

(Schriften, Bd. 20, S. 127 f.)

3. aus Lessings Komödie »Der Freigeist«.

10. 2. 1772. Lessing an seinen Bruder Karl:

»Es ist mir recht sehr lieb, daß Dir mein Ding von einer Tragödie noch so ziemlich gefallen hat. Und Deine Anmerkungen darüber sind mir sehr willkommen gewesen. Ich bitte Dich, auch in Ansehung des Überrestes damit fortzufahren. [...]

Was Du von dem Charakter der Emilia sagst, hat viel Wahres. Aber so ganz Recht kann ich Dir doch nicht geben, aus folgenden Ursachen:

1) Weil das Stück Emilia heißt, ist es darum mein Vorsatz gewesen, Emilien zu dem hervorstechendsten, oder auch nur zu einem hervorstechenden Charakter zu machen? Ganz und gar nicht. Die Alten nannten ihre Stücke wohl nach Personen, die gar nicht aufs Theater kamen.

2) Die jungfräulichen Heroinen und Philosophinnen sind gar nicht nach meinem Geschmacke. Wenn Aristoteles von der Güte der Sitten handelt, so schließt er die Weiber und Sklaven ausdrücklich davon aus. Ich kenne an einem unverheiratheten Mädchen keine höhere Tugenden, als Frömmigkeit und Gehorsam.

3) Zeigt denn jede Beobachtung der äußerlichen Gebräuche einer positiven Religion von Aberglauben und schwachem Geiste? Wolltest Du wohl alle die ehrlichen Leute verachten, welche in die Messe gehen, und während der Messe ihre Andacht abwarten wollen, oder Heilige anrufen? – Wegen des Zuges mit dem Traume hast Du ganz Unrecht; wesfalls Du das Manuscript nur wieder nachsehen darfst. Emilia glaubt nicht an den Traum; sondern sie erkennt mit ihrer Mutter den Traum für sehr natürlich: wegen ihres größern Geschmacks an Perlen als an Steinen. Aber, ob sie schon nicht an den Traum als Vorbedeutung glaubt: so darf er doch gar wohl sonst Eindrücke auf sie machen. Appiani ist es, der sich dabey länger aufhält, als sie beyde. Aber auch den lasse ich die Ursache davon angeben.

4) Am Ende wird denn auch freylich der Charakter der Emilia interessanter, und sie selbst thätiger. – Nur käme das ein wenig zu spät, wenn es wahr wäre, daß sie schon einen kleinen Begriff von sich erweckt hätte. –

Doch es sey auch mit dem allen, wie es wolle; wenn das Stück nur im Ganzen Wirkung hervorbringt.«

(Schriften, Bd. 18, S. 18 f.)

1. 3. 1772. Lessing an seinen Bruder Karl:

»Hier kommt endlich der Schluß. Ich will wünschen, daß er Dich in Deiner Erwartung nicht betrügen möge.
[Lessing geht auf einige Korrekturen ein.]
Schreibe mir nur bald, lieber Bruder, und sage mir, wie Dir das Ganze gefällt. Du siehst wohl, daß es weiter nichts, als eine modernisirte, von allem Staatsinteresse befreyete Virginia seyn soll.« (Schriften, Bd. 18, S. 20–22)

12. 3. 1772. Karl Lessing an G. E. Lessing:

»Ich habe Deine Emilia nun hinter einander gelesen, und Du kannst Dir leicht vorstellen, daß sie, da sie mir schon stückweise so wohl gefiel, im Ganzen eine noch größere Wirkung auf mich gethan hat. [...]
Du erinnerst Dich doch noch, daß mir die Emilia im Anfange nicht so vorzüglich gefallen. Du hast mir daher einige Deiner Gründe angeführt, von denen aber keiner Stich zu halten schien, als der letzte, da Du sagtest: ›Am Ende wird denn auch freylich der Charakter der Emilia interessanter, und sie selbst thätiger.‹ – Denn das ist nicht allein geschehen, sondern der Schluß hätte auch nicht so werden können, wenn Du sie nicht vom Anfange so geschildert hättest. Höchst religiös, die Tugend der Keuschheit für die höchste Tugend haltend ist Emilia; und das letzte hat sie bloß durch ihre fast blinde Anhänglichkeit an die katholische Religion werden können. Meine Absicht ist übrigens nicht sowohl gewesen, Dir als Dichter damit einen Vorwurf zu machen, sondern nur Deine Ursache zu wissen, warum Du, als Dichter, ein Vorurtheil mit zu bestärken für gut befunden hättest.«
(Schriften, Bd. 20, S. 145 f.)

Gleich nach den ersten Aufführungen entstand, wie Karl an seinen Bruder schrieb (20. April 1772), das Gerücht, Lessing habe den Schluß der Tragödie verändert. Dieser antwortete am 2. Mai 1772:

»Wer Dir gesagt hat, daß ich den Schluß meiner Tragödie geändert, der hat gelogen. – Was will man denn, das ich daran ändern soll?« (Schriften, Bd. 18, S. 40)

IV. Dokumente zur Wirkungsgeschichte

1. Die Uraufführung in Braunschweig (13. März 1772).

Anfang März 1772. Lessing an Herzog Carl von Braunschweig-Wolfenbüttel:

»Ich unterstehe mich, eine große Kleinigkeit an Ew. Durchlaucht zu bringen, die jedoch für mich darum keine Kleinigkeit ist, weil ich nicht gern das Geringste thun oder geschehen lassen wollte, was Ew. Durchlaucht wünschen könnten, daß es gar nicht oder anders geschehen wäre.
Döbbelin hatte erfahren, daß eine neue Tragödie von mir, die ich aber bereits vor einigen Jahren ausgearbeitet, gegenwärtig in Berlin gedruckt werde. Er bat mich, ihm das Manuscript davon zukommen zu lassen, um sie auf den bevorstehenden Geburtstag der Herzoginn Königl. Hoheit aufzuführen. Ich konnte ihm solches nicht wohl verweigern. Doch nahm ich mir sogleich dabey vor, so bald ein Abdruck in meinen Händen seyn würde, durch Vorlegung desselben vor allen Dingen mich der Genehmigung Ewr. Durchlaucht zu versichern.
Ich thue solches hiermit, ob schon das ganze Stück noch nicht gänzlich abgedruckt ist, und ich Ewr. Durchlaucht nur die Bogen bis in den vierten Aufzug vorlegen kann. Indeß werden auch schon diese hinlänglich seyn, einen Begriff von dem Ganzen zu machen, welches weiter nichts als die alte Römische Geschichte der Virginia in einer modernen Einkleidung seyn soll.
Ich weiß nicht, ob es überhaupt schicklich ist, an einem so erfreulichen Tage eben ein Trauerspiel aufzuführen; noch weniger weiß ich, ob Ew. Durchlaucht an diesem Tage nicht etwas ganz anders zu sehen wünschen könnten. Sollte dieses seyn: so ist es zu einer Abänderung noch immer Zeit; und falls Ew. Durchl. dem Döbbelin nicht unmittelbar Dero Willensmeynung darüber wissen zu lassen geruhen wollen: so erwarte ich nur einen Wink, um unter irgend einem leicht zu findenden Vorwande die Aufführung dieses neuen Stücks zu hintertreiben.« (Schriften, Bd. 18, S. 22 f.)

13. 3. 1772. Aus einem Brief von Braunschweig, veröffentlicht in dem von Matthias Claudius herausgegebenen »Wandsbecker Bothen« vom 17. März 1772:

»Wir feyern Heute den Gebuhrtstag unsrer gnädigsten Landes-Mutter. [...] Aber das wird Ihnen eine sehr angenehme Nachricht seyn, weiß ich, daß der heutige Tag auch durch ein ganz neues Trauerspiel von Leßing gefeyert wird. Alle Liebhaber der Bühne sind in der ungeduldigsten Erwartung, umsomehr, da Herr Leßing es niemanden von seinen hiesigen Freunden hat lesen lassen. Es heißt Emilia Galotti; das ist alles, was ich heute noch davon sagen kann.«

(Braun, Bd. 1, S. 351)

14. 3. 1772. Johann Arnold Ebert, Schriftsteller und Professor am Carolinum zu Braunschweig, der Lessings Berufung nach Wolfenbüttel vermittelt hatte, berichtet Lessing über seine ersten Eindrücke bei der Uraufführung:

»Ich befinde mich itzt in eben dem Falle, worinn sich jener Schüler in England befand, da ihm aufgegeben war, eine Grabschrift auf Ben Johnson[1] zu machen. Er konnte, wie Sie wissen, nichts weiter hervorbringen, als – O rare Ben Johnson! – Und ich kann nichts mehr sagen, als: O liebster, bester, unvergleichlicher Lessing! – Wie gern wollte ich Ihnen meine Bewunderung, Rührung, und Dankbarkeit, die ich gestern bey der Vorstellung Ihres neuen Stücks empfunden habe, lebhaft ausdrücken! Aber eben diese Empfindungen machen es mir unmöglich. Nur so viel kann ich Ihnen sagen, daß ich durch und durch, mit Klopstock zu reden, laut gezittert habe. Selbst die comischen Scenen oder Züge haben eine ähnliche Empfindung mit der bey mir hervorgebracht, die ich einmal bey Durchlesung der ersten Scene Ihrer Minna hatte. O Shakespear-Lessing! – Zu andern, als Ihnen, würde ich vielleicht noch mehr sagen. [...] Wie froh bin ich, daß ich das Stück vorher nicht gelesen hatte! Hieraus können Sie schliessen, daß es auch nicht schlecht gespielt worden. Sie wissen, wie weit meine Forderungen von dieser Art zu gehen pflegen, und daß ich mich hierinn nicht immer so leicht begnüge, wie Sie. Aber die Schauspieler haben fast alle mit einander meine Erwartung weit übertroffen; so wie Sie selbst ihr völlig Genüge gethan haben; denn übertreffen können Sie dieselbe wohl niemals. – Die Hohlen und die Schultzen haben ganz unverbesserlich schön gespielt. Die Méziere, (Sie wissen wohl, daß diese bisher mein einziges Ideal in dieser

1. Ben Jonson (1572/73–1637), engl. Dramatiker.

Art gewesen,) hätte unmöglich besser spielen können. Selbst Döbbelin spielte seine Rolle mit wahrer Würde und mit einem theils fürchterlichen, theils rührenden Ernste. – Nachdem der Vorhang niedergelassen war, wurde von mir und einigen Mitverschwornen dem glorwürdigen Verfasser zu Ehren geklatscht. Wenn er selbst zugegen gewesen wäre, so hätte ich, glaube ich, überlaut seinen mir unbeschreiblich süssen und wehrten Namen ausgeschrieen. Bald darauf wurde eben das Stück auf künftigen Montag wieder angekündigt, und da klatschten wir von neuem. Aber leider werde ich es da nicht wieder sehen können, weil ich zum E P. [Erbprinzen] muß. Dieser ist gestern incognito da gewesen, und hat immer nachgelesen. Wenn er dadurch nur nichts von dem ungemein beredten Spiele der beiden vortrefflichen Weiber verlohren hat! Gönnen Sie sich doch selbst bald das Vergnügen, sie zu sehen, als die geringste Belohnung für alles das unaussprechliche Vergnügen, das Sie uns gemacht haben, o Shakespear-Lessing!« (Schriften, Bd. 20, S. 150 f.)

15. 3. 1772. Lessing an seine spätere Frau Eva König:

»[Das Stück] ist am 13ten dieses, vorgestern, als an dem Geburtstage der regierenden Herzoginn, in Braunschweig aufgeführt worden. Ich bin aber nicht bey der Aufführung gewesen; denn ich habe seit acht Tagen so rasende Zahnschmerzen, daß ich mich bey der eingefallenen strengen Kälte nicht herüber getraut habe.« (Schriften, Bd. 18, S. 24)

16. 3. 1772. Lessing an Johann Arnold Ebert:

»Auch heute kann und mag ich das Stück noch nicht spielen sehen. Kann nicht: weil ich krank bin. Mag nicht: weil mir der Kopf davon noch warm ist, und es mir erst wieder fremd werden muß, wenn mir das Sehen etwas nützen soll.«

(Schriften, Bd. 18, S. 26)

16. 3. 1772. Aus einem Brief von Braunschweig, veröffentlicht im »Wandsbecker Bothen« vom 21. März 1772:

»Des Hrn. Leßings Emilia Galotti ist hier zum erstenmal mit ausserordentl. Beyfall aufgeführt worden. Sie wissen, was Leßing fürs Theater zu schreiben pflegt, aber man sagt hier durchgehends, daß er diesmal noch mehr geschrieben habe.«

(Braun, Bd. 1, S. 352)

F. L. W. Meyer, der Biograph des berühmten Schauspielers Friedrich Ludwig Schröder (der bei der ersten Hamburger Aufführung den Marinelli spielte), behauptet, man habe bei Hof in der Gestalt der Orsina eine Anspielung auf die Mätresse des Herzogs, die Gräfin Branconi, gesehen (Meyer: Friedrich Ludwig Schröder. Beitrag zur Kunde des Menschen und des Künstlers. Bd. 1. Hamburg 1823. S. 233).

2. Die erste Aufführung in Berlin (6. April 1772).

7. 4. 1772. »Berlinische privilegirte Zeitung«:

»Gestern wurde hier von der Kochischen Gesellschaft deutscher Schauspieler Emilia Galotti, ein Trauerspiel in 5 Akten vom Herrn Leßing zum ersten male mit vielen Beyfall aufgeführt, und wird auf Zurufung des Parterrs heute wiederholt. Den Beschluß macht ein Ballet: Der Vogelfang.«

(Braun, Bd. 1, S. 368)

7. 4. 1772. Friedrich Nicolai an Lessing:

»Ich muß Ihnen sagen, daß die Aufführung über mein Erwarten ausgefallen ist; denn ich zitterte, (dies unter uns) daß es *diese* Truppe ganz verderben möchte. Ich befürchtete, daß die Spieler, zumal in der Eil, in der sie die Rollen haben lernen müssen, noch weit weniger von ihren Rollen verstehen würden, als sie wirklich verstanden haben. Zuerst, versichere ich Sie, daß die Starkin die Claudia meisterhaft spielte; ich wüßte nicht, wie man den dritten Act besser spielen sollte, als sie gethan hat. [...] Die Steinbrecherin jun. hat die Emilia besser gespielt, als man vermuthen konnte. Sie hat freylich nicht das jugendliche Ansehen, das ihr zu dieser Rolle zu wünschen wäre; auch machte sie mir einige Stellen nicht lebhaft genug. Aber sie hat nicht allein alles, was ans Naive gränzt, sehr gut gemacht, sondern auch, was das meiste ist, ihre ganze Rolle, bis auf einige Kleinigkeiten, verstanden. Ein wenig mehr Feuer wird sie sich vielleicht künftig geben können; denn man hat es ihr gesagt. Die Orsina hat die Kochin doch noch besser gespielt, als ich mich zu erwarten getrauete. Was sie verstanden hat, das heißt ein starkes Drittel der Rolle, ist ganz gut gewesen. Freylich hat sie wohl an zwey Drittel nicht verstanden; aber die Rolle ist so schwer, daß wenige Schauspielerinnen sie ohne Beyhülfe ganz werden

fassen können. Ihr größter Fehler war, daß sie die Reden, die sie aus Phantasie sprechen sollte, aus richtiger Überlegung sprach. Ich glaube aber doch, daß man ihr noch wird begreiflich machen können, daß ihr Geist abwesend scheinen muß, wenn sie gewisse Dinge sagt; und dann wird diese so sehr schwere Rolle von ihr leidlich gemacht werden.
Brückner ist, wie Sie wissen, in seinem Spiele ziemlich auf Drath gezogen; dies hat er auch in seinem Marinelli gestern nicht verläugnet. Ganz war er der geschmeidige Hofmann nicht. Aber dennoch war Vieles ganz gut, sonderlich für das allgemeine Publicum; kurz, Brückner hat den Charakter so gut gespielt, als er ihn, nach seiner einmal angenommenen Spielart, spielen konnte. Ich glaube auch, aus einigen Discursen gestern Abend, daß er einige Stellen künftig noch feiner machen wird.
Herlitz hat den schwachen Hettore zu einer Mazv–[2] gemacht. So schwach haben Sie ihn nicht haben wollen. Aber freylich war kein anderer Spieler da, der den Prinzen hätte mit allen den feinen Nüanzen machen können, die Sie diesem Charakter gegeben haben.
Es ist ein großer Fehler, daß der Odoardo Schuberten, und nicht Schmelzen gegeben worden, der den Mahler macht. Dies kommt daher, daß die Rollen ausgetheilt und auch zu lernen angefangen wurden, als erst drey Acte hier waren. Man hatte nicht daran gedacht, daß der Vater im vierten und fünften Act solche wichtige Scenen haben könnte. Der gute Schubert macht, sein gewöhnliches Peroriren ausgenommen, einige etwas ruhige Stellen ziemlich gut; aber zur Heftigkeit fehlt ihm Stimme und Stellung, und noch mehr mißlingt ihm der innerlich kochende, äußerlich kalte Zorn.
[...] Der Beyfall war allgemein. Der General Zieten hatte auf heute den Erntekranz bestellt; aber auf Zurufen des Parterre wird heute Emilia wiederholt, und wird auch wohl noch einige Tage wiederholt werden.«

(Schriften, Bd. 20, S. 160 f.)

2. Matzfotz: Schimpfwort für einen Schwächling; der erste Bestandteil (von Matthäus) ist Name für eine nicht näher bezeichnete Person (wie in ›Prahlhans‹, ›Heini‹), der zweite bezeichnet das weibliche Geschlechtsorgan.

3. Die erste Aufführung in Hamburg (15. Mai 1772).

18. 5. 1772. »Beytrag zum Reichs-Postreuter« (Altona):

»Am 15ten ward Emilia Galotti auf der Hamburgischen Bühne zum erstenmal mit vielem Beyfalle aufgeführt. Den Schauspielern und Schauspielerinnen machte diesmal ihr Spiel fast durchgehends Ehre, ausser Schrödern, der sich zum Marinelli eben so wenig, als zum Westindier schickte.«

(Braun, Bd. 1, S. 381)

Für diese Aufführung durch eine der berühmtesten damaligen Schauspieltruppen in Deutschland (Schröder spielte den Marinelli, Dorothea Ackermann die Orsina, Charlotte Ackermann die Emilia, Borchers den Odoardo, Brockmann den Prinzen) hatte der Theaterdichter Bock eine Art von Epilog gedichtet, in dem Odoardo seine Tat vor dem Publikum rechtfertigte. Den Prolog, ebenfalls von Bock, sprach F. L. Schröder; darin wird, anknüpfend an den Satz Contis, die Kunst gehe nach Brot, das Publikum zur Unterstützung des künstlerischen Bemühens aufgefordert:

Das kann und wird und muß zu mehr Emilien
Den Dichter unsers Volks begeistern,
Der in der alten Briten Geist Euch durch des Lebens
Szenen führet,
Euch durch das Labyrinth der Leidenschaften reißt,
Euch lächeln läßt und mächtig rühret,
Der als ein Biedermann sich dreist,
Den stolzen Nachbarnationen,
Und ihren Julien[3] und ihren Desdemonen[4]
Emilien zur Rechten stellt.
Und seine Deutschen schadlos hält.

(Berthold Litzmann: Friedrich Ludwig Schröder. Ein Beitrag zur deutschen Litteratur- und Theatergeschichte. Bd. 2. Hamburg u. Leipzig 1894. S. 129)

3. aus Rousseaus »Nouvelle Heloïse« oder Shakespeares »Romeo und Julia«.
4. aus Shakespeares »Othello«.

4. Die ersten Aufführungen in Wien.

15. 7. 1772. Eva König an Lessing:

»Ihr neues Stück ist vorige Woche drey Tage nach einander aufgeführt worden, und zwar mit außerordentlichem und allgemeinem Beyfall. Der Kaiser[5] hat es zweymal gesehen, und es gegen G.[6] sehr gelobt. Das muß ich aber auch gestehen, hat er gesagt, daß ich in meinem Leben in keiner Tragödie so viel gelacht habe. Und ich kann sagen: daß ich in meinem Leben in keiner Tragödie so viel habe lachen hören; zuweilen bey Stellen, wo, meiner Meinung nach, eher hätte sollen geweinet, als gelacht werden.
Die Vorstellung ist sehr mittelmäßig ausgefallen. Nur allein die Huberinn, die die Rolle der Mutter machte, hat, meines Erachtens, in der größten Vollkommenheit gespielt. Wenigstens ich habe in meinem Leben keine Rolle so ausführen sehen, und bey keiner das empfunden, was ich bey der empfand. Den Prinzen machte Stephanie der Ältere, ich möchte fast sagen: so schlecht wie möglich. [...] Stephanie wird täglich affektirter und unerträglicher, besonders in seinem stummen Spiele. Was thut er zuletzt in Ihrem Stücke? Er reißt sein ohnedem großes Maul bis an die Ohren auf, streckt die Zunge lang mächtig aus dem Halse, und leckt das Blut von dem Dolche, womit Emilia erstochen ist. Was mag er damit wollen? Ekel erregen? Wenn das ist, so hat er seinen Endzweck erreicht.« (Schriften, Bd. 20, S. 187 f.)

»Emilia Galotti« wird auch bei Lessings Besuch in Wien 1775 aufgeführt. Nach einem Brief Geblers an Nicolai (15. Juli 1775; vgl. Biedermann, Lessings Gespräche, S. 168) hörte man im Publikum »Viva Lessing«; die Zuschauer suchten Lessing hervorzurufen. In Berlin erlebte das Stück 1772 nur neun Aufführungen. In Gotha, wo die erste eigentliche Hofbühne in Deutschland gegründet wurde, spielte man nach einer Tagebucheintragung Leisewitz' (30. August 1780) die »Emilia Galotti« nicht. Der Berliner Theaterdirektor Engel »sagte ihm nachher, daß dies daher käme, *weil die Fürsten in der Emilia übel behandelt wären*« (Danzel, Bd. II, 2, S. 59).

5. Joseph II.
6. der Schriftsteller und österr. Staatsrat Frh. v. Gebler.

5. Erste Reaktionen und Kritiken.

12. 3. 1772. Karl Lessing berichtet seinem Bruder über die Reaktion von dessen Freund Moses Mendelssohn (1729–86), des Philosophen und Verfassers von Schriften zur Ästhetik und zur Theorie der Empfindungen:

»Aber höre einmal, was mir mit Herrn Moses darüber begegnet ist. Ich fragte ihn, wie ihm Deine Tragödie gefallen habe. ›Im Ganzen vortrefflich, sagte er; wir haben noch nichts so Vortreffliches: und vielleicht können Franzosen und Engländer nichts aufweisen, wo jedes Wort so bedächtlich, so ökonomisch angebracht ist; selbst die Ausführung der Charakter findet man selten so. Welch ein allerliebstes Mädchen ist nicht die Emilia! –‹ Die Emilia? unterbrach ich ihn, und Du kannst Dir leicht vorstellen, mit was für Augen. – Er fuhr fort: ›Bey den Worten: *Perlen bedeuten Thränen*, habe ich vor Thränen selbst nicht fortlesen können. Das ganze Stück hat mich so angegriffen, daß ich die Nacht nicht werde davor schlafen können.‹ Wir disputirten eine Weile über die Emilia, und endlich fragte ich ihn, ob er denn gar nichts gefunden, das er besser oder anders wünschte? Und was dächtest Du wohl, was es war? Der Prinz; der scheint ihm im Anfange thätiger und tugendhaft, und am Ende ein unthätiger Wollüstling. Und hiermit bin ich nicht zufrieden. Nicht darum, weil er mich widerlegt hatte, sondern weil ich Gründe habe, daß der Prinz so seyn muß. Er nimmt sich der Regierung an, er ist ein Liebhaber von Wissenschaften und Künsten, und wo seine Leidenschaften nicht ins Spiel kommen, da ist er auch gerecht und billig; er ist überdies fein, und hat allen Schein eines würdigen Fürsten: aber das sind noch nicht die rechten Beweise, daß er es wirklich ist. Folglich hast Du uns an seiner moralischen Güte noch immer zweifelhaft gelassen; und nur gezeigt, wie heut zu Tage Prinzen von guter Erziehung, welche die Natur nicht ganz unbegabt gelassen, seyn können. Seine Tugend soll in seiner ungerechten Liebe gegen Emilia mit dem Marinelli geprüft werden, und da hält sie nicht die Probe. Daraus entsteht dann die schreckliche Handlung des alten Galotti, welcher sonst unmenschlich an seiner Tochter handelte, wenn sie von ihren Verführungen anders gerettet werden könnte, und er es nicht thäte. Kurz, gegen die Ökonomie des Stücks und gegen die Ausführung der Charaktere, dächte ich, könnte nicht so leicht etwas eingewendet werden. Von Deinem Dialog meynte Moses: es schiene ihm, als ob Du hingerissen worden seyst, die Frauenzimmer gar zu nachdrücklich, gar zu präcis und kräftig sprechen zu lassen. Aber mir deucht, daß es Vorsatz von Dir ist, hier die Sprache etwas anders zu machen, als sie von Natur seyn sollte. [...] Ein langes süßes Gerede wird nach dem ersten Lesen fade und ekelhaft; so wie das süßsprechende Mädchen im öftern Umgange lästig wird, wenn es nicht unsere Geliebte ist. Viel Worte, ohne große Wahl und Sparsamkeit, charakterisiren das weibliche Geschlecht; aber je mehr man diesem Kennzeichen entsagt, desto größere Dienste thut man den Zuhörern.«

(Schriften, Bd. 20, S. 146 f.)

Johann Joachim Eschenburg (1743–1820), nach Wieland der zweite Übersetzer der Werke Shakespeares, schreibt Ende März 1772 in der »Gnädigst privilegirten Neuen Braunschweigischen Zeitung«:

»Emilia Galotti, ein Mädchen voller Liebreitz, Bescheidenheit und der sanftesten Unschuld, welche durch Erziehung und Religion in ihr gebildet und gesichert ist. Edeldenkend, und doch dabey weiblich und jugendlich; ein fein gemischter Charakter, dessen Trennung uns schon so manches romanhaftes Mädchen aufs Theater gebracht hat; schüchtern und bey unerwarteten Begegnissen äusserst betroffen; aber bald wieder in sich gekehrt und gesetzt [...] Ihr ganzes Verhalten, wenn sie nun in den Händen des Prinzen ist, entspricht ihrer oben angeführten Gemüthsart völlig; und die grausame Bitte an ihren Vater, ihr den Tod zu geben, wird die ganze siebente Scene des letzten Aufzugs hindurch, auch von ihrer Seite meisterhaft vorbereitet: durch ihre anscheinende Ruhe, die, sobald sie ihre Gefahr wahrnimmt, wieder gestöhrt, und zur ängstlichen Besorgniß, sogleich aber wieder zur gesetzten Entschlossenheit wird, sich durch keine Gewalt zwingen zu lassen. Und in dieser Fassung, wie natürlich, daß sie beim Anblicke eines Dolchs, ihn als das geschwindeste Mittel ansieht, aller Verführung auszuweichen, deren Gewalt sie sich itzt aufs lebhafteste vorstellt, und dabey das Gefühl der Natur, und ihres warmen, jugendlichen Bluts in ihre Seele zurückrufe! Auch ihre strenge Denkungsart in der Religion kann ihr hier nicht in den Weg treten; sie sieht, nach den Begriffen ihres Glaubens, einen solchen Tod für Märtyrertod an. Ihr Vater befriedigt den Wunsch desselben; und noch behält sie die Überzeugung, er habe nur ›eine Rose gebrochen, ehe der Sturm sie entblättert‹.« (Braun, Bd. 1, S. 356)

24. 3. 1772. »Staats- und Gelehrte Zeitung des Hamburgischen unpartheyischen Correspondenten«:

»Man kann aus vielen guten Trauerspielen Stellen ausziehen, welche allein gelesen, wenig an ihrer Schönheit verlieren; allein, einzelne Stellen aus Emilia Galotti gezogen, verlieren [...] zu viel. Und kann dieses in einem Stücke, wo lauter Action ist, wol anders seyn? Aber eben dadurch erhält Herr Leßing einen Rang unter den vornehmsten dramatischen Dichtern, auch der Ausländer, zu dem wenige hinangekommen sind.« (Braun, Bd. 1, S. 354)

28. 3. 1772. Der Kritiker und Dichter Karl Wilhelm Ramler (1725–98) schreibt in der »Berlinischen privilegirten Zeitung«:

»Viele Liebhaber der Bühne haben sich seit einiger Zeit merken lassen, Tragödien, wie Miß Sara, wie Romeo, wie Beverley, wären allzutraurig, erregten zu viel Thränen. Unser Dichter giebt ihnen hier eine Emilia, die keinen Strom von Thränen, sondern gleichsam nur Keime von Thränen, und einen heilsamen Schauer von Schrecken erregt. Was werden diese zweydeutigen Liebhaber nunmehr sagen? Sie werden sagen: Man weint nicht genug in eurer Emilie, man lacht sogar darinn; und werden das Lachen der Bosheit, des Hohnes, der Bitterkeit, und das schreckliche Lachen des Trübsinns und einer halben Raserey, mit dem komischen Lachen der Lustigkeit und des Leichtsinns verwechseln.
[...] Von dem bekannten Hauptendzweck dieser oder einer jeden wahren Tragödie sagen wir nichts: wir hätten aber Lust, an die Spitze dieses Stücks jene königlichen Worte zu schreiben: Et nunc reges intelligite! erudimini, qui judicatis terram![7]« (Braun, Bd. 1, S. 366 u. 368)

7. 4. 1772. Friedrich Nicolai an Lessing:

»Viele haben es nicht begreifen können, und halten es für unnatürlich, daß der Vater seine geliebte Tochter blos aus

7. Und nun gelangt zur Einsicht, ihr Könige! Laßt euch erziehen, ihr, die ihr über die Erde Richter seid!

Besorgniß der Verführung erstechen könne. Diese aber sehen die große Wahrheit nicht ein, die Emilia sagt, daß Gewalt nicht Gewalt, sondern daß Verführung, liebreizende Verführung, Gewalt ist. Mein Freund, der Prediger Eberhard, sagt: die Emilia ist ein Rock auf den Zuwachs gemacht, in den das Publicum noch hinein wachsen muß. Dies gilt unter andern auch von der letzten Scene. Sollte ich aber etwas hierbey wünschen, so wäre es, daß Sie von der Verführung etwas auf dem Theater hätten vorgehen lassen, daß Sie den Prinzen hätten in einer Scene pressant seyn lassen, und daß Emilia zwar nicht gewankt hätte, aber doch in einige Verlegenheit gerathen wäre. Alsdann würde das Publicum die Bitte der Emilia um den Dolch gerechter gefunden haben, als jetzt, da es die gefährlichen Grimaldis nicht vor Augen sieht, und den Prinzen noch lange nicht dringend genug findet.
Viele finden die poetische Gerechtigkeit nicht genug darin beobachtet, daß Marinelli nicht bestraft wird. Hierauf antworte ich: Es ist genug, wenn Jedermann den Marinelli verabscheuet. Und ich leihe Ihnen noch einen Grund: Ich sage, dies ist die lebhafteste Schilderung des Charakters schlechter Prinzen, und zugleich eine treffende Satire auf dieselben. Wenn sie sich von ihren Günstlingen, die ihren Wollüsten fröhnen, Schritt für Schritt verführen lassen, die größten Gewaltthätigkeiten und Schandthaten durch Zulassung zu begehen: so bestrafen sie den Günstling mit einer Verweisung auf seine Güter, und nehmen einen andern.«

(Schriften, Bd. 20, S. 157 f.)

14. und 15. 4. 1772. Matthias Claudius (1740–1815) im »Wandsbecker Bothen«:

»Das erste also was ich von dem Trauerspiel ›Emilia Galotti‹ zu sagen habe, ist daß es mir gefallen hat. Das heißt nun freylich eben nicht viel gesagt, aber es ist auch nie meine Sache gewesen viel zu sagen. Ich habe einen vornehmen gelehrten Herren sagen hören, daß ihm das Stück nicht gefallen habe und mich dünkt das ist doch noch ein gut Theil weniger gesagt. Freilich wenn ich wüßte, was zu einem guten Trauerspiel gehörte, da könnte ich weitläufig sagen so und so, und warum dies und das gut ist, so aber – und doch – und doch (denn warum sollte ich mich nicht mit dem Prinzen vergleichen, ich mich nicht mit ihm vergleichen? – ich tauschte doch wahrhaftig mit ihm nicht) und doch gehts mir dünkt mich, wie dem Prinzen, als er zum Mahler Conti sagte: ›Lieber Conti, wie darf unser einer seinen Augen trauen? Eigentlich weiß doch nur ein Mahler von der Schönheit zu urtheilen.‹ Der Mahler Conti antwortete ihm. Und eines jeden Empfindung sollte erst auf den Ausspruch eines Mahlers warten? – Ins Kloster mit dem, der erst von uns lernen will was schön ist. Ich will also frey heraussagen, was mir gefallen hat, sonderlich also hat mir gefallen der Stolz des Mahlers Conti in seinem Gespräch mit dem Prinzen, sonderlich daß Camillo Rota das Todesurtheil doch wohl nicht mitgenommen hatte, sonderlich der Morgenbesuch des alten Odoardo, sonderlich Pirro und Angelo, sonderlich Odoardo und Claudia, sonderlich daß Emilia nichts vor dem Grafen Appiani auf dem Herzen behalten wollte, sonderlich die melancholische Schwärmerey des Grafen Appiani, sonderlich sein Gespräch mit den Hofschranzen, sonderlich Angelo und Marinelli, sonderlich Emilia's ›ganz gewiß! und das hat den Grafen und meine Mutter getroffen –‹ sonderlich Marinelli und Claudia, sonderlich Orsina und Marinelli ›kommen Sie her! Sehen Sie‹ und so weiter, sonderlich Odoardo und Orsina, sonderlich Marinelli der Prinz und Odoardo, sonderlich das ganz Stück von der ›Kunst die nach Brodt geht‹ an, bis zu Odoardo's schönem ›zieh hin‹.

Der Schuß im ersten Auftritt des dritten Aufzugs hat mich recht erschreckt, ich war mir auf hundert Meilen noch keinen Schuß vermuthen, und denn so hat mich die Orsina auch ein paarmahl recht überrascht, ich erwartete so viel Geist und Entschlossenheit und festen Muth von einem Frauenzimmer nicht. Zwar es muß einen wohl rasend machen, wenn so ein Mann –

Eines kann *ich* mir in diesem Augenblick nicht recht auflösen, wie nämlich die Emilia so zu sagen bey der Leiche ihres Appiani an die Verführung eines andern und dabey an ihr warmes Blut denken konnte. Mich dünkt ich hätte in ihrer Stelle halb nacket durch ein Heer der wollüstigsten Teufel gehen wollen, und keiner hätte es wagen sollen mich anzurühren.«

(Braun, Bd. 1, S. 373–375)

23. 4. 1772. »Beytrag zum Reichs-Postreuter« (Altona):

»Welch eine Bühne [...] kann sich [...] einer Emilia rühmen? [...] Bey dieser findet man Shakespears Schönheiten, ohne seine Fehler; das ganze Genie dieses großen theatralischen Dichters, aber nicht seine Plattitüden. Shakespear; klimmt nicht selten so hoch, um desto tiefer zu fallen, Leßing hingegen bleibt sich immer gleich, ist, mit einem Worte, immer Leßing,

qui nil molitur inepte[8].«

(Braun, Bd. 1, S. 375 f.)

25. 4. 1772. »Berlinische privilegirte Zeitung«:

»Knäbchen, Stutzerchen, Mäcenate, Jüngferchen und geschmackvolle Damen, versichern aus ihrem Handbüchelchen über die schönen Wissenschaften, daß weder der Grundsatz der Nachahmung der schönen Natur, noch die Würde des Trauerspiels erlaube, daß eine verlassene gräfliche Schöne eines Prinzen Schnickschnak und dergleichen niedrige Worte im Munde führe, noch ein Graf einen Kammerherrn einen Affen schimpfe.
Hiermit haben wir gar nicht zur Absicht, dergleichen Urtheile zu hemmen; wir sind überzeugt, sie schaden nichts, und wollten darauf schwören, daß Denken und Kritisiren in unsern Zeiten nicht sehr beisammen ist. Aber den V[erfasser] wollten wir doch ersuchen, noch ein paar Trauerspiele, in dem Ton dieser Emilia der Welt zu schenken; oder wenn er noch eine vortrefflichere Art weiß, in dieser!«

(Braun, Bd. 1, S. 379)

Christoph Martin Wieland (1733–1813), dessen Frühwerk Lessing in den »Briefen die neueste Literatur betreffend« scharf kritisiert, dessen »Agathon« er aber in der »Hamburgischen Dramaturgie« als Muster eines Romans für den denkenden Kopf gerühmt hatte, nimmt seine Begeisterung über »Emilia Galotti« zum Anlaß, Lessing »eine Art Huldigungs-Brief« zu schreiben, »den ersten, den ich in meinem Leben an diesen großen Mann geschrieben habe« (4. Mai 1772 an Gleim). Heinrich Christian Boie (1744–1806) und Johann Heinrich Voß (1751–1826), Vertreter der jungen Generation, die sich im gleichen Jahr 1772 mit gleichgesinnten Freunden zum »Göttinger Hainbund« zusammenschließen, äußern sich ebenso enthusiastisch wie die älteren Vertreter der Aufklärung. So schreibt der spätere Homer-Übersetzer am 14. Mai 1772 an einen Freund:

8. der nichts unangemessen ins Werk setzt.

»Emilia Galotti kennen Sie vermuthlich schon. Hier ist alles voll davon. Man setzt sie noch weit, weit über seine Minna von Barnhelm, und glaubt, mit ihr allen neuern Stücken trotzen zu können.« (Danzel, Bd. II, 2, S. 39)

Goethes kritischere Äußerung muß man im Zusammenhang mit seinen selbstkritischen Bemerkungen zu »Götz von Berlichingen« sehen. Über diesen schreibt er Mitte Juli 1772 an Herder:

»Es ist alles nur gedacht. Das ärgert mich genug. Emilia Galotti ist auch nur gedacht, und nicht einmal Zufall oder Caprice spinnen irgend drein. Mit halbweg Menschenverstand kann man das Warum von jeder Scene, von jedem Wort, mögt' ich sagen, auffinden. Drum bin ich dem Stück nicht gut, so ein Meisterstück es sonst ist, und meinem eben so wenig.« (Goethe: Gedenkausgabe der Werke, Briefe und Gespräche. Bd. 18. Zürich: Artemis 1949. S. 175)

Was dem Irrationalismus Goethes in diesen Jahren suspekt erschien, war eine wesentliche dramaturgische Forderung Lessings in der »Hamburgischen Dramaturgie« gewesen: daß nämlich der Verlauf der Handlung und das Verhalten der Figuren dem Zuschauer völlig einsichtig gemacht werden müsse (32. Stück, vgl. Kap. V).
Rückblickend schreibt Goethe in »Dichtung und Wahrheit« über die Wirkung der »Emilia Galotti« (III, Buch XIII):

»Den entschiedensten Schritt jedoch [in der Kritik der höheren Stände] tat Lessing in der Emilia Galotti, wo die Leidenschaften und ränkevollen Verhältnisse der höheren Regionen schneidend und bitter geschildert sind. Alle diese Dinge sagten dem aufgeregten Zeitsinne vollkommen zu, und Menschen von weniger Geist und Talent glaubten das gleiche, ja noch mehr tun zu dürfen.« (Goethe: Gedenkausgabe, Bd. 10, S. 622)

Wie sehr sich der »aufgeregte Zeitsinn« in »Emilia Galotti« wiederfinden konnte, zeigt auch der Tod Werthers: als man ihn schwerverletzt auffindet, heißt es: »Emilia Galotti lag auf dem Pulte aufgeschlagen.«
»Emilia Galotti« wurde auch außerhalb Deutschlands be-

kannt; 1783 erschien eine Übersetzung in der Sammlung »Nouveau Théâtre allemand«. Louis-Sébastien Mercier, der Diderots Dramentheorie fortentwickelte und dessen Schrift »Du Théâtre ou Nouvel Essai sur l'Art Dramatique« (1773) das deutsche Drama des Sturm und Drang beeinflußte, nannte Lessing wegen dieses Trauerspiels »un des grands auteurs dramatiques de notre siècle« (Danzel, Bd. II, 2, Anh. S. 7). Das Stück wurde bald ins Englische, Russische und Polnische übertragen.
Ein Schulrektor in Celle ließ es von seinen Schülern sogar ins Lateinische übersetzen: »Emilia Galotti. Progymnasmatis loco latine reddita et publice acta, moderante J. H. Steffens, Cellis 1778«.

6. »Emilia Galotti« in der literarischen Kritik seit 1772.

Johann Jakob Engel (1741–1802), Schriftsteller und Berliner Theaterdirektor, veröffentlicht 1774 vier Briefe über »Emilia Galotti«, die er u. a. mit dem römischen Original vergleicht:

»Vergleiche ich diese Geschichte [des Livius] mit dem Plan der Emilie, so fällt mir nichts so schnell in die Augen, als daß dort der Bewegungsgrund zu der schrecklichen That des Vaters zwiefach, hier nur einfach ist. Dort will nicht nur der ehrliebende Mann von strengen Grundsätzen und rauher Tugend sein Kind vor der Entehrung sichern; der freye Römer, dem Sclaverey verhaßter als Tod ist, will es auch dem Elend der Knechtschaft entreissen. In den Worten, die ihm Livius, eben da er die schreckliche That vollbringt, in den Mund legt, wird dieses letzten Bewegungsgrundes allein erwähnt: hoc te vno, quo possum, modo, filia, in libertatem vindico. [...] Für Emilia Galotti darf ihr Vater nicht beydes, Sclaverey und Entehrung; er darf nur Eins, nur das Letztere fürchten: und so hat jene Geschichte der Virginie vor dieser der Emilie schon einen nicht verächtlichen Vortheil; denn je mehr zu einer so schrecklichen That der Bewegungsgründe sind, und je dringender jeder an sich, desto besser. [...]
Über Virginien ist der letzte richterliche Ausspruch von eben dem Manne ergangen, der die höchste obrigkeitliche Gewalt in Rom hat; es ist nicht blos mehr zu fürchten, nicht blos

mehr wahrscheinlich, daß sie werde zur Sclavin erklärt werden: sie ist es schon wirklich. Ihre Freyheit ist ohne Rettung dahin; und in Absicht auf ihre Ehre läßt sich nicht die geringste Schonung gegen eine Sclavin, nicht die geringste Mäßigung von einem Manne erwarten, der sich im Angesichte des ganzen Roms mit so großer Unverschämtheit betragen hatte. [...] Es ist der letzte entscheidende Augenblick: nur noch zwey gewaltsame Mittel, dem Spiel ein Ende zu machen, sind übrig. Der Vater muß den Dolch entweder gegen Claudius und den Decemvir, oder gegen das Herz seines eigenen Kindes zücken. – Welches von beyden Mitteln würde er wählen, wenn die Wahl ihm frey stünde? Und welches ist er gezwungen zu wählen?

Das Erstere, deucht mir, beantwortet sich gleich von selbst; denn gewiß ist es natürlicher, daß der Hirt den Wolf, als daß er das Lamm erschlage. [...] Aber dieses natürlichste Rettungsmittel, auf das ihn Noth und Leidenschaft gleich zuerst führen müssen, wird ihm durch die Beschaffenheit seiner Lage unmöglich gemacht. Der Decemvir, der sich, auf den Fall eines Tumults, gegen ein ganzes Volk gerüstet hatte, ist gegen die Tapferkeit eines Einzelnen allzuwohl gesichert; Virginius könnte den ersten, zweyten, dritten Lictor niederstoßen: unter den Streichen des Vierten würde er dennoch erliegen müssen. Diese seine Aufopferung aber; was für Nutzen würde sie für Virginien haben? Würde die Unglückliche weniger in Sclaverey gerathen? weniger ein Raub der zügellosen Begierden des Decemvirs werden? Es würde nicht echte Tapferkeit einer wahrhaft großen Seele; blinde, tollkühne Wuth würde es seyn, einen so äußerst gefahrvollen und für Virginien so fruchtlosen Versuch zu wagen.

Sie erkennen also, mein Freund, daß von den beyden gewaltthätigen Mitteln, die hier noch übrig waren, das erste, das an sich natürlichste, unmöglich gemacht wird: und eben dadurch wird nun das zweyte, das an sich unnatürlichste, natürlich. Das Leben seines Kindes ist dem Vater mehr, als sein eigenes, werth; er würde, wenn er nicht zu ihrer Rache lebte, das Messer aus ihrer Brust nur herausreißen, um es in seine eigene zu stürzen: nur ein Einziges ist ihm mehr werth, als alles: ihre Freyheit und ihre Ehre; es ist besser, deucht ihm, daß er sein Kind durch den Tod, als daß ers durch die Schande verliere. [...] Den vornehmsten Antrieb zu dieser That giebt ihm seine römische Vaterliebe, so groß und so

echt, als sie je in der Brust des kühnsten und stolzesten Mannes gewohnt hat; mitwirkende Ursache bey dieser That ist seine Wuth gegen den Appius, den er nun eben dadurch elend macht, daß er ihm den Gegenstand seiner heissesten Begierde entrückt: und die Zeit, die zwischen That und Gedanken verstreicht, ist ein einziger dringender Augenblick, über den hinaus vielleicht auch die größte Menschenseele diese äußerste Spannung nicht würde aushalten können.
Halten Sie nun die Situation, worin der Vater der Emilie ist, gegen diese so gewaltsame, zwingende, worin Virginius war. Zugegeben fürs erste, die Schande Emiliens sey vollkommen so entschieden, als Virginiens Schicksal, und es bliebe dem Vater zu ihrer Rettung nichts, als die Wahl zwischen jenen gewaltsamen Mitteln übrig: warum muß er denn gerade das unnatürlichste wählen? warum den Dolch nicht ins Herz des Räubers und seines nichtswürdigen Gehülfen, sondern ins Herz seines eigenen Kindes stoßen? – Freylich ist der Mann, den er dann umbringen würde, der Prinz; aber die er jetzt umbringt, ist seine Tochter: und wenn sich alle Umstände vereinigen, jene Betrachtung zu schwächen, so kommen dagegen alle zusammen, dieser den größten Nachdruck zu geben. Moralisch unmöglich, scheint es, mußte die Ermordung seines Kindes dem Vater noch eher seyn, als die Ermordung des Prinzen: und äusserlich möglich ist, nach allen Umständen, das eine so gut, wie das andre. – Auch Appius war die höchste Obrigkeit Roms, und Virginius gewiß ein eben so edeldenkender Mann, wie Odoardo: gleichwohl stand er keinen Augenblick an, das Volk gegen den Tyrannen aufzuwiegeln, und würde eben so wenig angestanden seyn, wenn es ihm sonst wäre möglich gewesen, ihn zu ermorden.
Aber ist denn in der That das Schicksal Emiliens so entschieden, daß weder dem Vater noch ihr selbst irgend ein andrer Weg zu ihrer Rettung übrig bliebe? Läßt nicht Odoardo zu schnell alle Hoffnung fahren, gleichsam um dem Dichter zu Ende zu helfen? Kann er nicht Bedenklichkeiten gegen den Aufenthalt Emiliens im Hause der Grimaldi äußern? Kann er nicht darauf dringen, daß sie der Aufsicht des Camillo Rota, oder irgend eines andern rechtschaffnen Mannes, deren es in Guastalla noch geben wird, anvertraut werde? Bleibt er selbst nicht frey, um Erkundigungen einzuziehen, und ist keine Möglichkeit mehr, daß noch in der Zukunft für Emilien etwas geschehen könne? Läßt sich nichts von dem Cha-

rakter eines Prinzen hoffen, der doch noch Gefühl von Ehre hat, und Wendungen und Bemäntelungen sucht? Läßt sich, was noch mehr ist, von Emiliens Charakter nichts hoffen? Müssen nicht alle die Reden, die sie führt, selbst ihre äusserste Furcht vor ihrem Falle, den Vater weniger besorgt, als sicher machen? Muß nicht in seiner Seele, sobald er den fürchterlichen Gedanken faßt, den er ganz durchzudenken so viel Zeit hat, jeder noch so schwache Anlaß zur Hoffnung wichtig, jedes noch so unwahrscheinliche Mittel zu anderweitiger Rettung wahrscheinlich werden? Muß ihm nicht der Dolch, den er im ersten Augenblicke der Wuth gezückt hatte, im zweyten Augenblicke der Überlegung wieder entsinken?«

(Engel: Der Philosoph für die Welt. 2. Teil. Vermehrte und verbesserte Ausgabe. Reutlingen 1791. 4. Brief, S. 111–119)

In Nicolais »Allgemeiner deutschen Bibliothek«, einer der führenden literarischen Zeitschriften der Aufklärung, heißt es 1777:

»Shakespears Stücke stellen uns gleichsam ein eigenes für sich bestehendes Universum, eine ganze Welt mit allem Zubehör dar; in Em. Gal. haben wir auch diese eigne Welt, nichts fehlt uns, um die Motiven einer handelnden Person, um das Besondere irgend eines Charakters zu erklären; nichts fehlt uns um nicht den Ort, wo wir wären, den Hof des Prinzen, ganz bis auf Räthe und Maitressen und Mahler zu kennen: – aber diese eigne Welt ist freylich nur im *verjüngten Maaßstaabe*, nur durch einzelne kleine Züge angegeben. Wenig erscheint nur Graf Appiani, wenig selbst nur Emilia; allein wer wollte darum sagen, wir lernen diese Personen nur wenig kennen? Weitläuftig ausgemahlt sind sie nicht; aber die wenigen Züge sind dafür so scharf gezeichnet, so individualisirend, daß ich dem Mann Wehe zurufe der diese Liebenden nun nicht von allen andern unterscheiden kann [. . .] Eben diese Kürze, dies Zusammendrängen des großen Gemähldes läßt uns die sonst zu schnell scheinenden Übergänge erklären. Wir hören von Emiliens Keuschheit nur den einen Zug: daß sie zu Gott betet, ehe sie unkeusche Liebe anhören soll, sie lieber mit Taubheit zu schlagen, und wann auch, wann auch auf immer. Aber wie viel sagt uns nicht dieser eine Zug? Wie sehr muß sie nicht über Keuschheit nachgedacht, in jedem Begegniß ihres Lebens nachgedacht, und sich daraus Warnungen gezogen haben? Ihre schwärmerische Frömmigkeit giebt ihr, gegen das Ende des Stücks, den Gedanken ein, sich zu ermorden, um ihre Unschuld zu retten; denn eben darum sprangen Tausende in die Fluthen und wurden Heilige. Die Unschuld, sagt ihr ihr Vater, ist über alle Gewalt erhaben. – Aber nicht über alle Verführung! und nun klagt das fromme Mädchen ihr zu leicht wallendes Blut, ihre zu bald empörten Sinne an, wie vor ihrem Beichtiger, spricht von den strengsten Übungen der Religion u. s. w. Wie natürlich alles! wie im Charakter! wer will hier nach der Uhr sehen, oder die Seiten zurückzählen, um zu rechnen, ob Appiani auch schon lange genug todt ist, daß Emilia schon von jugendlichem warmen Blute reden kann?«

(Braun, Bd. 2, S. 90 f.)

Johann Gottfried Herder (1744–1803) in den »Briefen zur Beförderung der Humanität«, 3. Sammlung, 1794:

»Man rückt Leßingen vor, daß er die zarteste Weiblichkeit, das über allen Ausdruck Reizende je ne sçais quoi des schönen Geschlechts nicht gekannt, und solches eben so wohl in der Emilie, als der Minna, der Recha[9] als der Orsina verfehlt habe. Sie sind, sagt man, bei ihm Kinder oder Männer, Helden oder schwache Geschöpfe. [...]
Wie dem auch sei, in diesem Stück getraute ich mir den Charakter der Emilie, Orsina, geschweige der Claudia völlig vertheidigen zu können; ja es bedarf dieser Vertheidigung nicht, da sich hier Alles in der Sphäre eines Prinzen, um seine Person, um seine Liebe, Treue und Affection[10] drehet. Wer kennt die Übermacht dieses Standes beim schönen Geschlechte nicht? und wer darf es der Emilie in *diesen* Augenblicken einer solchen Situation verargen, wenn sie den Dolch ihres Vaters einer künftigen Gefahr vorziehet? Das flatternde Vögelchen, (verzeihen Sie das Naturhistorische Gleichniß) fürchtet nicht etwa nur den anziehenden Hauch der nahen großen glänzenden Schlange; es fühlet denselben schon, sieht ihren auf sie gerichteten Blick – oder ohne Gleichniß, sie glaubt sich schon umschlungen von tausend feinen Netzen liebenswürdiger Eigenschaften, weiß, wie der Prinz ihre Empfindungen der Religion selbst vorm Altar störte, und wagt wie eine Heilige

9. aus »Nathan der Weise«.
10. Liebe, Wertschätzung.

den Sprung in die Fluth. Wie Verstandvoll hat Leßing das Herz der Emilie mit Religion verwebet, um auch hier die Stärke und Schwäche einer solchen Stütze zu zeigen! Wie überlegt läßt er den Prinzen sie am heiligen Ort aufsuchen, sie in der Kapelle vor aller Welt anreden, und stellt die schwache Mutter, den strengen, grollhaften Fürstenfeind, Odoardo, neben sie. Ihr Tod ist lehrreich-schrecklich, ohne aber daß dadurch die Handlung des Vaters zum absoluten Muster der Besonnenheit werde. Nichts weniger! Der Alte hat eben so wohl, als das erschrockene Mädchen in der betäubenden Hofluft den Kopf verlohren; und eben diese Verwirrung, die Gefahr solcher Charaktere in solcher Nähe wollte der Dichter schildern.

So erlaube ich auch der Orsina, (die nothwendig mit Mäßigung gespielt werden muß) ihre Verhönung des Marinelli, selbst ihre höllische Phantasie im siebenden Auftritte des vierten Acts. Wenn *sie* nicht den Mund öfnet, wer soll ihn öffnen? Und *sie* darfs, die gewesene Gebieterin eines Prinzen, die in seiner Sphäre an Willkühr gewöhnt ist. Als eine Beleidigte, Verachtete muß sie anjetzt übertreiben, und bleibt in der größesten Tollheit die redende Vernunft selbst, ein Meisterwerk der Erfindung.

So auch das Übereilen des Plans, das Hineintappen des Prinzen, und vor Allem, seine unbescholtene Rechtfertigkeit, Alles veranlaßt, gebilligt, und am Ende doch, nachdem der Plan verunglückt, nichts befohlen, nichts gethan zu haben. In wenigen Tagen, fürchte ich, hat er sich selbst ganz rein gefunden, und in der Beichte ward er gewiß absolviret. Bei der Vermählung mit der Fürstin von Massa war Marinelli zugegen, vertrat als Kammerherr vielleicht gar des Prinzen Stelle, sie abzuholen. Appiani dagegen ist todt; Odoardo hat sich in seiner Emilie siebenfach das Herz durchboret, so daß es keines Bluturtheiles weiter bedarf. Schrecklich!«

(Herders Sämmtliche Werke. Hrsg. von Bernhard Suphan. Bd. 17. Berlin 1881. S. 185 f.)

Herder in der »Adrastea«, 4. Stück, 1801:

»Leßing schrieb eine Emilia Galotti, gleichfalls eine Fabel des Schicksals, durch Umstände und Charaktere bewirkt und wirkend. Ein *solcher* Prinz durfte nur eine *solche Emilie* gesehen haben, und eines Contrasts ihrer, seiner jetzigen Geliebten satt seyn; ein Mahler durfte jetzt nur dem Kunst-

Mäcenaten beide Gemählde bringen, und dabei der Prinz zufällig vernehmen, daß diese Emilie an einen Appiani vermählt, daß heut der Tag ihrer Hochzeit sey; so mußte alles Fernere höchst beeilt und Marinelli zu Allem das vielseitiggeschäftige Werkzeug werden. In diesem Hofgewirr, wo, wie in jenem Walde fortan Puck[11] spielt, war der Brief der Orsina unerbrochen geblieben; so findet sie ihn. Es geräth und mißräth Alles bis zum tragischen Ausgange. Ob dieser nicht anders hätte seyn können? bleibt dem Dichter anheimgestellt; gnug, daß dieser ihn diesmal nicht anders haben *wollte*. Das Stück entwickelt eine Prinzenfabel mittelst treffender Charaktere, unter der Leitung eines Marinelli, über ihm aber eines höheren Schicksals, das sich dem Schranzen so wenig als dem Prinzen bequemet. Der Vorhang fällt, und wir schaudern. Discite justitiam moniti et non temnere honestum.[12] Zwischen Handelnden und Schauenden stehet die Regel aufrecht.«

(Herders Sämmtliche Werke, Bd. 23, S. 375 f.)

Goethes Einschätzung der »Emilia Galotti« schwankt. Unmittelbar im Juli 1772 schrieb er darüber an Herder (vgl. S. 64), 1809 äußert er zu Johann Daniel Falk:

»In der Emilia Galotti sei ebenfalls das Motiv meisterhaft und zugleich höchst charakteristisch, daß der Kammerherr dem Prinzen Emilia Galotti sicher auf seinem Wege zugeführt haben würde; daß aber der Prinz dadurch, daß er in die Kirche geht und in den Handel hineinpfuscht, dem Marinelli und sich selber das Spiel verdirbt. Nicht minder schön sei die Art, wie Lessing das Schicksal in der Emilia Galotti einführt. Ein Billet, das der Prinz an seine ehemalige Geliebte, die Gräfin Orsina, schrieb, und worin er sich ihren Besuch auf morgen verbittet, wird eben dadurch, daß es zufällig liegen blieb – wenn Zufall, wie die Gräfin selbst sogleich hinzusetzt, in solchen Dingen nicht Gotteslästerung genannt werden müßte – die gelegentliche Ursache, daß die gefürchtete Nebenbuhlerin, weil man ihr nicht abgesagt, gerade in demselben Augenblicke ankommt, wo Graf Appiani erschossen, die Braut in das Lustschloß des Fürsten durch Marinelli eingeführt und so dem Mörder ihres Bräutigams

11. in Shakespeares »Sommernachtstraum«.
12. Lernet Gerechtigkeit! und verachtet nicht, was *honett* ist [Anm. Herders]. – Vergil »Aeneis« VI, 620: temnere divos.

in die Hände geliefert wird. Dies sind Züge einer Meisterhand, welche hinlänglich beurkunden, wie tiefe Blicke Lessing in das Wesen der dramatischen Kunst vergönnt waren. Auch seid versichert, wir wissen recht wohl, was wir ihm und seinesgleichen, insbesondere Winckelmann, schuldig sind.«

(Goethe: Gedenkausgabe, Bd. 22, S. 617 f.)

Am 7. Februar 1827 äußert Goethe zu Eckermann:

»Wenn man [...] die Stücke von Lessing mit denen der Alten vergleicht und sie schlecht und miserabel findet, was soll man da sagen! – Bedauert doch den außerordentlichen Menschen, daß er in einer so erbärmlichen Zeit leben mußte, die ihm keine besseren Stoffe gab, als in seinen Stücken verarbeitet sind! [...] In der Emilia Galotti hatte er seine Piken auf die Fürsten, im Nathan auf die Pfaffen.«

(Goethe: Gedenkausgabe, Bd. 24, S. 239)

Goethe an Karl Friedrich Zelter am 27. März 1830:

»Dein reines eignes Verhältnis zu Emilia Galotti soll dir nicht verkümmert werden. Zu seiner Zeit stieg dieses Stück, wie die Insel Delos, aus der Gottsched-Gellert-Weissischen pp. Wasserflut, um eine kreißende Göttin barmherzig aufzunehmen. Wir jungen Leute ermutigten uns daran und wurden deshalb Lessing viel schuldig.
Auf dem jetzigen Grade der Kultur kann es nicht mehr wirksam sein. Untersuchen wir's genau, so haben wir davor den Respekt wie vor einer Mumie, die uns von alter hoher Würde des Aufbewahrten ein Zeugnis gibt.«

(Goethe: Gedenkausgabe, Bd. 21, S. 896)

Die Romantiker August Wilhelm Schlegel (1767–1845) und Friedrich Schlegel (1772–1829) kritisieren »Emilia Galotti« als das Werk eines aus dem Intellekt konstruierenden, statt aus »poetischem Verstand« schaffenden Dichters; dabei unterlaufen August Wilhelm Schlegel einige sachliche Unrichtigkeiten. Friedrich Schlegel schreibt in seinem Aufsatz »Über Lessing« (veröffentlicht 1798 im »Athenäum«, in der endgültigen Gestalt 1801 in »Charakteristiken und Kritiken von A. W. Schlegel und F. Schlegel«):

»In Emilia Galotti sind die dargestellten Gegenstände überdem am entferntesten von Lessings eignem Selbst; es zeigt sich kein unkünstlerischer Zweck, keine Nebenrücksicht, die eigentlich Hauptsache wäre. Wichtige Umstände bei Lessing, dessen roheste dramatische Jugendversuche schon fast immer eine ganz bestimmte philosophisch-polemische Tendenz haben; der nach Mendelssohns[13] Bemerkung zu den *Portraitdichtern* gehört, denen ein Charakter um so glücklicher gelingt, je ähnlicher er ihrem Selbst ist, von dem sie nur einige Variationen zu Lieblingscharakteren von entschiedner auffallender Familienähnlichkeit ausbilden können.

Emilia Galotti ist daher das eigentliche Hauptwerk, wenn es darauf ankömmt zu bestimmen, was Lessing in der *poetischen Kunst* gewesen, wie weit er darin gekommen sei. Und was ist denn nun diese bewunderte merkwürdige Emilia Galotti? Unstreitig ein gutes Exempel der dramatischen Algebra. Man mag es bewundern dieses in Schweiß und Pein producirte Stück des reinen Verstandes; man mag es frierend bewundern, und bewundernd frieren; denn ins Gemüth dringts nicht und kanns nicht dringen, weil es nicht aus dem Gemüth gekommen ist. Es ist in der That viel Verstand darin, nämlich *prosaischer*, in dieser prosaischen Tragödie, ja sogar Geist und Witz. Gräbt man aber tiefer, so zerreißt und streitet alles, was auf der Oberfläche so vernünftig zusammenzuhängen schien. Es fehlt an jenem *poetischen* Verstande eines Shakspeare, Goethe oder Tieck. In den genialischen Werken des von diesem poetischen Verstande geleiteten Instincts enthüllt alles, was beim ersten Blick so wahr, aber auch so inconsequent und eigensinnig, wie die Natur selbst auffällt, bei gründlicherem Forschen stets innigere Harmonie und tiefere Nothwendigkeit. Nicht so bei Lessing! Manches in der Emilia Galotti hat sogar den Bewunderern Zweifel abgedrungen, die Lessing nicht beantworten zu können gestand. Aber wer mag ins Einzelne gehn, wenn er dem Ganzen allen Werth absprechen muß?«

(Bd. 1. Königsberg 1801. S. 202–204)

August Wilhelm Schlegel in den »Vorlesungen über dramatische Kunst und Literatur« (1809–11):

»Noch mehr Bewunderung als Minna von Barnhelm erwarb Emilia Galotti, ich weiß nicht ob mit vollkommnem Rechte. Das letztgenannte Werk ist vielleicht mit noch mehr Über-

13. Moses Mendelssohn.

legung entworfen, und mit noch mehr Fleiß ausgeführt als jenes; aber Minna von Barnhelm entspricht weit mehr dem ächten Begriffe des Lustspiels als Emilia Galotti dem des Trauerspiels. Lessings Theorie der dramatischen Kunst hatte begreiflicher Weise einen weniger nachtheiligen Einfluß auf eine halb prosaische Gattung, als auf eine, die unvermeidlich unter sich selbst herabsinkt, wenn sie nicht den höchsten Schwung nimmt. Er hatte die Welt zu gut kennen gelernt, um wieder in den schleppenden und weinerlichen Prediger-ton zu verfallen, der in Miß Sara Sampson herrscht. Auf der andern Seite bewahrte ihn sein gesunder Sinn bey aller Bewunderung für Diderot vor dessen declamatorischer Emphase, die ihren vornehmsten Nachdruck von Ausrufungszeichen und Gedankenstrichen entlehnt. Aber da er alle poetische Erhöhung des Dialogs entschieden verwarf, so konnte er diesen Manieren nicht entgehen, ohne in eine andre zu verfallen. Er übertrug die kalte und lauschende Beobachtung des Komikers in das tragische Gebiet; die Leidenschaften sind in der Emilia Galotti mehr scharfsinnig und witzig characterisirt als beredt ausgedrückt. In dem Glauben, das Schauspiel wirke am stärksten, wenn es täuschende Copien des Bekannten und nahe Liegenden darbietet, verkleidete Lessing eine alte, berühmte unauslöschlich in die Weltgeschichte eingezeichnete That rauher Römertugend, die Ermordung der Virginia durch ihren Vater, unter erdichteten Namen in neu-Europäische Verhältnisse und heutige Sitten. Aus der Virginia wurde eine Gräfin Galotti, aus dem Virginius Graf Odoardo, aus dem Appius Claudius ein italienischer Prinz, aus dem unverschämten Diener seiner Lüste ein Kammerherr, u. s. w. Es ist nicht eigentlich ein bürgerliches Trauerspiel, sondern ein Hoftrauerspiel im Conversationstone, zu welchem für einige Rollen Staatsdegen und Hut unter dem Arme eben so wesentlich gehört als zu vielen französischen Lustspielen. Lessing hat die unentfliehbaren tyrannischen Gewaltstreiche der Decemvirn in den ruhmlosen Bezirk des Fürstenthums Massa-Carrara verpflanzen wollen; aber wie man sich mit wenigen Schritten aus einem so kleinen Gebiet fortmacht, so entschlüpft man auch mit einiger Überlegung gar leicht den mühsam angelegten Voraussetzungen des Dichters, worauf die ganze Notwendigkeit der Katastrophe beruht. Die sichtbare Sorgfalt, alles zu motiviren, fodert zu näherer Prüfung auf, wobey man durch keinen Zauber der Einbildungskraft gestört wird; und dieser Prüfung kann der innere Unzusammenhang in dem mit so ungemeinem Verstande herausgerechneten Drama nicht entgehen.«

(Bd. 2. Hrsg. von G. V. Amoretti. Bonn u. Leipzig 1923. S. 291 f.)

Heinrich Heine (1797–1856) und das Junge Deutschland sehen in Lessing einen Ahnherrn des politischen Dramas in Deutschland. Heine schreibt über ihn im Ersten Buch der »Romantischen Schule« (1833):

»In allen seinen Werken lebt dieselbe große soziale Idee, dieselbe fortschreitende Humanität, dieselbe Vernunftreligion, deren Johannes er war, und deren Messias wir noch erwarten. Diese Religion predigte er immer, aber leider oft ganz allein und in der Wüste. Und dann fehlte ihm auch die Kunst, den Stein in Brot zu verwandeln; er verbrachte den größten Teil seines Lebens in Armut und Drangsal; das ist ein Fluch, der fast auf allen großen Geistern der Deutschen lastet und vielleicht erst durch die politische Befreiung getilgt wird. Mehr als man ahnte, war Lessing auch politisch bewegt, eine Eigenschaft, die wir bei seinen Zeitgenossen gar nicht finden; wir merken jetzt erst, was er mit der Schilderung des Duodezdespotismus in ›Emilia Galotti‹ gemeint hat.«

(Heines Sämtliche Werke, hrsg. von Ernst Elster. [1887–90] Bd. 5. Leipzig u. Wien o. J. S. 229)

Ludwig Börne (1786–1837) schreibt anläßlich einer Aufführung der »Emilia Galotti«:

»Wenn am Ziele der Wanderung eine schöne Landschaft für den rauhen, steilen und mühsamen Weg belohnt, so mag nicht minder ein reizender Weg für ein unerfreuliches Ziel Ersatz geben. Solches geschieht mit Emilia Galotti. Bei Virginius, dem Vorbilde Odoardo's, stand der Vater im Solde des Bürgers, und man sieht nur mit freudiger Rührung ein frommes Lamm auf dem Altare der Freiheit bluten. Aber wenn die schreckliche, unnatürliche That, wie hier, vergebens geschieht, wenn der Vater seine Tochter ermordet, nicht für die Götter oder das Vaterland, nicht um ihre Herzensreinheit zu bewahren, die er keiner Verderbniß fähig hält, sondern nur um ihre anatomische Unschuld zu retten, so wendet man sich mit Abscheu vor einem solchen Anblicke zurück. Auch die Sittenlehre aus dem Munde des Prinzen befriedigt die gerechte Forderung des Zuhörers nicht. Die Wahrheit wäre mit einem solchen Opfer zu theuer bezahlt, die Lüge ist es um so gewisser. ›Ist es zum Unglücke so Mancher nicht genug, daß Fürsten Menschen sind: müssen sich auch noch Teufel in ihren Freund verstellen?‹ Nein, mein Prinz, die Verantwortlichkeit der Minister gilt nur in Staatssachen; wo Fürsten beginnen Menschen, und wo sie aufhören menschlich zu sein, da treten sie unter das Gesetz der Sitten. Gute Fürsten haben auch immer gute Rathgeber gefunden.

Aber wie reizend sind die Irrgänge des Dichters, und selbst der Unnatur der *bürgerlichen* Schauspiele, deren Vater Lessing war, sieht man gern nach, wenn sie so voll hohen Adels sind, wie bei ihm. Wie wahr sind die Charaktere aufgefaßt, wie naturtreu und scharf, und doch kühn und geistreich sind sie umschrieben, und wie fein schattirt. Es wird dem Leser oder Zuhörer kein Spielraum zum Irren gegeben; er muß die Personen ganz so ansehen, wie sie ihm erscheinen sollten. Wie faßlich und willkommen sind die Kunstlehren und Kunst-Liebegeständnisse in der Malerscene. Welche männlich kräftige und zugleich anmuthige Sprache überhaupt. Man bedauert, daß Lessing unter den Deutschen nur sich selbst zum Vorbilde nehmen konnte und die schönsten Erfindungen seines Geistes an unterirdische Grundsätze, worauf die nachgeborenen Dichter in's Freie bauten, verwenden mußte. Dreißig Jahre später wäre er genußbringender und unsterblich geworden.

Die kunstfertige scenische Darstellung solcher Dramen findet Hindernisse, die nicht blos in dem darstellenden Künstler liegen, sondern auch in der gegenwärtigen Zeit und ihren Schauspieldichtern. Jene hat die scharfe Sonderung der Stände im bürgerlichen Leben, die noch zu Lessing's Tagen obwaltete, abgestumpft. Die Großen sind herab-, die Niedrigen hinaufgestiegen; diese und jene sind durch so viele Hände und Schicksale gegangen, daß sie ihr Gepräge verloren haben und sich nur noch durch den Metallwerth unterscheiden.«

(Börne: Gesammelte Schriften. Bd. 4. Hamburg u. Frankfurt a. M. 1862. S. 263–265)

Friedrich Hebbels (1813–63) Kritik an »Emilia Galotti« beruht noch auf dichtungstheoretischen Voraussetzungen, die denen der Romantik verwandt sind: das Stück ist für ihn als Werk des bewußt planenden Verstandes letztlich undichterisch (Tgb. 1496; 16. 2. 1839): »Das Bewußtseyn hat an allem wahrhaft Großen und Schönen, welches vom Menschen ausgeht, wenig oder gar keinen Antheil.« Im Gegensatz zu Lessing ist beim »echten Dichter« »die Begeisterung ein heiliges Feuer, das vom Himmel fällt, und das er gewähren läßt«. Das Kalkül des Verstandes zeigt sich an den Charakteren:

»Die Charactere in Emilia Galotti mögen Charactere seyn. [...] Jedenfalls sind diese Charactere zu absichtlich auf ihr endliches Geschick, auf die Katastrophe, berechnet, und dies ist fehlerhaft, denn dadurch erhält das ganze Stück die Gestalt einer Maschine, worin lebendige Menschen die für einander bestimmten und nothgedrungen auf den Glockenschlag in einander greifenden Räder vorstellen. Zwar sollen die Charactere den Blitzstral des Schicksals an sich ziehen, er könnte sie sonst nicht treffen, ohne das Band, das die Weltordnung zusammen hält, zu zerreißen; aber, dies muß spielend, und ohne, daß man es ahnt, geschehen, Mensch und Schicksal müssen sich an einem Ort begegnen, wo man es nicht erwarten konnte und wo man deßungeachtet, wenn man näher hinsieht, nicht die verhüllte Larve des Zufalls, sondern das ernste Antlitz der Nothwendigkeit erblickt: ist das Gegentheil der Fall, so ist nur noch die Execution oder die Prämienvertheilung möglich, und damit hat die Kunst Nichts zu thun. Ein Vater, der sich leichter zum Äußersten, als zu etwas Anderem entschließt; eine Tochter, die um ihren Tod bettelt, wie Tausende um's Leben betteln würden; eine Mutter, die an sich Nichts bedeutet, deren breites Daseyn aber Gelegenheit giebt, daß Andere sich entfalten; ein hitziger Graf, der weiß, daß die Affen hämisch sind und der sie dennoch aufs Ärgste reizt; ein junger Fürst, der seinen Lüsten jedes Gefühl seiner Würde, jede Rücksicht auf Gesetz und Gewissen aufopfert und der sich, um sich vor sich selbst zu schützen, Anfangs hinter eine schlangenglatte Dialectik, zuletzt hinter eine Reue, die ärger ist, als selbst die Sünde war, verkriecht; ein Hofmann, der sein Vertrauter ist, und der Teufel dazu; eine rachsüchtige, verlassene Maitresse, die ihren Abgott abschlachten will, weil sie nicht mehr bei ihm schlafen darf; obendrein ein Paar Mörder und um die letzte kleine Schwierigkeit bei Seite zu schaffen, noch sogar ein tra-

gischer Kutscher, der sich gezwungen mit diesen verständigen muß: das Schicksal hatte es doch gar zu leicht!, wir wollen aber nicht sehen, was nicht ausbleiben kann!
Emilia ist mir ein Ding, wie ein Widerspruch. [Hebbel fragt, wie die fromme Emilia, die Appiani doch liebt, an Verführung durch den Mörder des Geliebten denken könne.] Ist dies natürlich? Und wenn, ist sie dann nicht eine gemeine Seele? Und wird eine gemeine Seele sterben, um das zu retten, was sie nie besaß? Übrigens übersehe ich nicht, daß Emilia der herrlichste Character geworden wäre, wenn ihn ein wahrhafter Dichter geboren hätte; es ist außerordentlich schön, daß das Mädchen aus heiliger Scheu vor den dämonischen Mächten in ihrem Innern in ihrer letzten freien Stunde weiblich furchtsam und doch heldenkühn den Tod erwählt; gewiß hat auch Lessing die Situation seiner Heldin so empfunden, nur, daß ihm die Mittel zur poetischen Darstellung versagten.«

(Hebbel: Sämtliche Werke, hrsg. von Richard Maria Werner. II. Abt. Bd. 1. Berlin 1913. Tgb. 1496, S. 330–332)

»Es ist allerdings in der ersten Scene, wo Emilia auftritt, genugsam angedeutet, daß sie für den Prinzen empfindet. Sie zittert, sie ist in der größten Aufregung, sie hat nicht gewagt, ihn zum zweiten Mal anzusehen; alles Zeichen einer unbewußt aufkeimenden Liebe. Aber, hiedurch entstehen eben neue Bedenklichkeiten. Es frägt sich, welcher Art diese Liebe ist. Ist sie nichts Anderes, als das erste Erwachen der bisher in den Schlaf gelullten glühenden Sinnlichkeit, vorbereitet vielleicht durch den Gedanken an die baldige Hochzeit, zurück gehalten wieder durch das naßkalte Bild des nur für die Seele der Braut schwärmenden Bräutigams? Dann sind zwei Fälle möglich. Entweder ist der ungestüme drängende Prinz nur der Funke, der ihr Herz in Flammen setzt, und dieses wendet sich nun mit voller Glut dem Bräutigam zu, den das Mädchen mit ganz anderen Augen betrachten lernt, in dem sie den Schlüssel ihres Daseyns ahnt; oder, sie wird klar darüber, daß ihr Verhältniß zu dem Grafen nur ein gemachtes ist, daß er mehr der zufällige, als der wahre Gegenstand ihrer Neigung ward, und ist dieses, so kann sie, die uns der Dichter als des größten Entschlusses fähig vorführt, über das, was sich für sie zu thun geziemt, nicht zweifelhaft und unentschieden seyn, sie kann nicht zögern und nicht zagen, ein Band zu zerreißen, das nie hätte geknüpft werden sollen. Im Herzen den Einen tragen und dem Andern zum Altar folgen, das verträgt sich nicht mit ihrer Frömmigkeit, ihrer Gemüthsreinheit. Ist aber jene Liebe etwas Höheres, ist sie, was sie seyn soll, so verklärt sie auch unmittelbar und nothwendig den Gegenstand, der sie erweckt hat; sieht die ganze Welt im Prinzen nur den Wollüstling und den Verführer, Emilia muß etwas Besseres in ihm sehen, denn nie kann vom Gemeinen eine edle Wirkung ausgehen. Und hiemit fällt die Katastrophe weg, so weit nämlich der Wille der Tochter Antheil daran hat; der Vater mag sie immerhin noch morden, um Demjenigen ihren Körper zu entreißen, der ihre Seele auf ewig besitzt. Emilie kann nicht mehr fürchten, verführt zu werden, und wenn sie sich auch, hin und her geworfen zwischen innerer und äußerer Pflicht, im Widerstreit mit einer einmal eingegangenen Verbindlichkeit und dem Zuge ihres ganzen Wesens, nicht gleich zu helfen weiß, so kämpft sie doch einen ganz anderen, einen viel ernsteren und heiligeren Kampf, einen solchen, der, falls er nur durch den Tod zu enden wäre, den Tod wahrhaft tragisch machen würde. Sich zu tödten, weil man fühlt, daß man, wenn man sich nicht tödtet, nicht stark genug seyn wird, die Unschuld zu bewahren, ist wohl kaum der Mühe werth.«

(Tgb. 1501, 19. 2. 1839, a.a.O., S. 334 f.)

Heinrich Theodor Rötscher (1803–71), Dramaturg und Kritiker, porträtiert in seinem »Cyclus dramatischer Charactere« auch einige Gestalten aus Lessings »Emilia Galotti« (Marinelli, Orsina, den Prinzen). Dem Versuch, die Gestalt des Marinelli psychologisch zu durchleuchten, stellt er eine am Begriffsinstrumentarium des deutschen Idealismus geschulte Interpretation voran:

»Emilia Galotti offenbart uns die Stärke, wie die Schwäche des nur moralischen Standpunktes, der auf der Idee eines perennirenden[14] Kampfes, eines unablässigen Sollens ohne Erfüllung und absolute Gegenwart der sittlichen Idee beruht. Der Sieg, den der moralische Standpunkt gewährt, erscheint

14. unaufhörlichen.

nämlich nur als ein augenblicklich der Sinnlichkeit abgekämpfter, welche, da ihre Macht überhaupt nicht schlechthin gebrochen werden kann, immer von neuem aufersteht, um von neuem zu erliegen. Da dieser Standpunkt nur der eines ewigen *Sollens* der sittlichen Idee ist, und auf dem Dualismus der Sinnlichkeit und des Sittengesetzes beruht, so gewährt er auch in keinem Momente eine Bürgschaft, daß dieser Kampf nicht auch in das entgegengesetzte Resultat, nämlich in den Sieg der Sinnlichkeit über das Sittengesetz, umschlagen kann. Diese aus der Natur dieses Standpunkts folgende Möglichkeit faßt Emilia Galotti ins Auge. Da für sie, als Repräsentantin des moralischen, d. h. auf dem perennirenden Kampfe zwischen Sinnlichkeit und Vernunft, dem Naturtriebe und der sittlichen Freiheit beruhenden Standpunkts, die sittliche Idee nur in der Gestalt eines unablässigen Sollens Existenz hat, sie mithin auch stets ihre Nichtverwirklichung eingesteht, so vollzieht sich mithin in dem Bekenntniß Emiliens, auch der Sinnlichkeit unterliegen zu können, nur die Dialektik dieses ganzen Standpunkts. In Emiliens Entschluß, zu sterben, zeigt sich daher eben sowohl die Anerkennung der sittlichen Idee, welche triumphiren soll, und über welche keine irdische Gewalt etwas vermag, als auch die Schwäche des sittlichen Bewußtseins, welches sich nur durch die Flucht vor einer durch die Sinnlichkeit erfolgenden Niederlage retten kann. [...] Emilia Galotti weiß sich durch ihre sittliche Kraft eben sowohl dem äußern Zwange, wie den äußern Lockungen entnommen, fühlt sich aber nicht stark genug, für den Sieg über die Regungen der sinnlichen Natur unbedingt einstehn zu können. Dieser Gewalt entzieht sie sich durch den *Tod*. Er ist also eben sowohl der Beweis von der Energie der sittlichen Idee in Emiliens Bewußtsein, als ihres Mißtrauens in ihre eigne sittliche Stärke. Die freie That, durch welche Emilia stirbt, ist also zugleich ein Geständniß der sittlichen Ohnmacht und hat mithin das Bewußtsein ihrer durch die sinnliche Natur bedingten Unfreiheit zu ihrem Grunde. Diese Dialektik bringt uns das Werk zur Erscheinung, ohne sie zugleich in einen höhern Standpunkt aufzulösen. Dies war bei der Auffassung des nur moralischen Standpunkts, über den die damalige Zeit, wie ja auch die spätere Philosophie der praktischen Vernunft Kants nicht hinauskam, unmöglich.

Aber die Energie der sittlichen Idee, welche sich in dem freien Entschluß bethätigt, sich allem Zwange zu entziehn, zerreißt zugleich das Netz, welches der raffinirte Verstand und die Intrigue gesponnen und scheinbar so eng zusammengezogen hatte, um ihr Schlachtopfer sicher zu empfangen. Das Erliegen der List des Verstandes und ihrer verbrecherischen Zwecke erfolgt durch eine Macht, welche ganz außerhalb der Berechnung des Gegners lag, weil derselbe sie gar nicht kennt, durch die Kraft der freien, sittlichen That. [...] Im Prinzen und Marinelli wird auf diese Weise der verbrecherische Zweck und die zu seiner Erreichung so schlau berechnete List des Verstandes gegen all ihr Erwarten vernichtigt, weil ihnen der Feind aus einer Region kommt, welche ganz außerhalb ihres Bewußtseins fällt. [...] Wer nur endliche, vergängliche Zwecke verfolgt, und innerhalb dieses Kreises alle Umsicht, Schlauheit und Gewandtheit aufbietet, der wird allemal durch das Einschreiten einer sittlichen Idee verspottet, weil er in dem Wahne steht, die Kraft seiner Gegner berechnet zu haben, während er die Existenz des allein mächtigen Gegners gar nicht kennt.«

(Rötscher: Der Kunst der dramatischen Darstellung Zweiter Theil. Berlin 1844. S. 192–195)

Der Literaturwissenschaftler Hermann Hettner (1821–82) schreibt in seiner »Geschichte der deutschen Literatur«:

»Auch hier daher wieder nur eine Intrigentragödie. Die Intrigentragödie aber ist ihrer innersten Natur nach vom Wesen echter Tragik ausgeschlossen. Die Äußerlichkeit ihrer Motivierung besagt selbst, daß sie nicht innerlich notwendige, ewige, allgemein menschliche Kämpfe und Gegensätze darstellt, sondern nur zufällige, rein persönliche, bei gutem Willen ausgleichbare. Die Intrigentragödie muß unausbleiblich veralten; losgelöst von den Zeitbedingungen, unter denen sie entstand, hat sie für den Zuschauer die zwingende Überzeugungskraft verloren, durch welche die warme Teilnahme an dem Geschick der Unterliegenden bedingt ist. Ja, es liegt die Gefahr nahe, daß, indem der tragische Untergang des Helden nur durch äußerlich angezettelte Intrige herbeigeführt wird, das Recht als dem Unrecht oder, um in der moralisierenden Sprache des achtzehnten Jahrhunderts zu sprechen, die Tugend als dem Laster erliegend erscheint. An diesen unvermeidlichen Klippen der Intrigentragödie ist Lessing in ›Emilia Galotti‹ ebenso wie in ›Miß Sara Sampson‹ gescheitert.«

(Hettner: Geschichte der deutschen Literatur im 18. Jahrhundert. Auf Grund der letzten vom Verfasser bearbeiteten Auflage hrsg. von Georg Witkowski. Leipzig 1929. S. 319)

Der Marxist Franz Mehring (1846–1919) sucht in seinem Buch über die »Lessing-Legende« den revolutionär-aufklärerischen Gehalt des Lessingschen Werks freizulegen gegen die ›Legende‹ vom staatserhaltenden, preußisch-nationalen Dichter:

»Als Lessing 1757 in Leipzig den ersten Plan zu seiner bürgerlichen Virginia, zur Emilia Galotti faßte, ahnte er wenig, welche furchtbare Satire auf die deutschen Zustände des achtzehnten Jahrhunderts die Nachwelt in der Katastrophe seines dramatischen Meisterstücks erblicken würde, in der flehentlichen Bitte der Tochter an den eigenen Vater, sie zu morden, da sie ihr Blut, ihre Sinne fürchte im Kampfe mit den lüsternen Bewerbungen des Despoten, der eben an der Schwelle des Altars durch feigen Meuchelmord den Geliebten ihres Herzens hatte morden lassen. Es ist die Achillesferse des Trauerspiels, die der Dichter schon mit Unbehagen erkannte und die mißgünstige Krittler von jeher verspottet, aber auch sachliche Kritiker von jeher getadelt haben. Sie ist nun einmal nicht zu beseitigen, auch nicht durch die wohlwollende Auslegung Goethes, die vielmehr der ganzen Tragödie den Rücken bricht, es sei nur nicht deutlich genug ausgesprochen, daß Emilia den Prinzen heimlich liebe. Wenn Emilia den Prinzen heimlich liebte, dann wäre der alte Odoardo kein tragischer Held; dann tödtete er die Tochter, um ihre anatomische Unschuld zu sichern oder den Prinzen um seine sichere Beute zu betrügen, und Lessing läßt ihn wohlweislich in seinem letzten Monologe sagen, daß wenn das Pärchen einverstanden wäre, die Tochter nicht werth sein würde, vom Dolche des Vaters zu fallen. Nein, Emilia liebt den Prinzen nicht, soll ihn nach des Dichters Absicht nicht lieben, aber daß sie und ihr Vater dennoch vor der Despotenwillkür und – der eigenen Fürstenfürchtigkeit keine Rettung wissen, als den Mord der Tochter durch den Vater, das ist jenes Gräßliche, das weder Furcht noch Mitleid erregen und das, wie Lessing im 79. Stück der Dramaturgie an der

Hand von Aristoteles so überzeugend auseinandergesetzt hat, keine tragische Wirkung haben kann, auch wenn es in der Geschichte begründet ist.
Tragisch läßt sich der Ausgang der Emilia nicht begründen, und zwar deshalb nicht, weil er sich historisch nur allzu gut begründen läßt. Darin haben all die berühmten Kritiker von Friedrich Schlegel bis zu Friedrich Vischer entschieden Unrecht, daß sie die Emilia vom historischen Standpunkt anfechten als die künstliche Übertragung einer That rauher Römertugend in moderne Zustände. Mit Recht hat schon Stahr hervorgehoben, daß Lessing aus des römischen Historikers bekannter Erzählung von der Virginia nichts entnommen habe, als die Thatsache, daß ein Vater seine Tochter tödte, um ihre jungfräuliche Ehre vor der Vergewaltigung eines Tyrannen zu retten. Oder noch genauer: in der berühmten Erzählung des Livius erkannte der junge Lessing zuerst die empörendste und erschütterndste Begleiterscheinung der sozialen Unterdrückung, die Vergewaltigung der jungfräulichen Ehre, die im achtzehnten Jahrhundert so modern war, wie vor zweitausend Jahren, wie sie heute noch ist und wie sie immer sein wird, so lange soziale Unterdrückung besteht. Lessing bewährte seinen sozialen Scharfblick, wenn ihm jenes tragische Moment in seiner weltgeschichtlichen Allgemeinheit unendlich viel bedeutsamer erschien, als der einzelne Fall, der den zufälligen Anstoß zu einer politischen Umwälzung gegeben hatte. Eine ›bürgerliche Virginia‹ wollte er schreiben, weil ›das Schicksal einer Tochter, die von ihrem Vater umgebracht wird, dem ihre Tugend werther ist als ihr Leben, für sich schon tragisch genug und fähig genug ist, die ganze Seele zu erschüttern, wenn auch gleich kein Umsturz der ganzen Staatsverfassung darauf folgte‹. Lessing verflachte den Fall der Virginia nicht [...], sondern er vertiefte ihn.
Ein bürgerlicher Dichter, der im Deutschland des achtzehnten Jahrhunderts eine bürgerliche Virginia schreiben wollte, mußte denn nun freilich wohl um einen tragisch versöhnenden Ausgang verlegen sein. Hatte doch eben erst in Lessings sächsischer Heimath ein adliges Haus seiner Tochter ein Hochzeitsfest ausgerichtet, weil der angestammte Despot sie zu einer seiner Mätressen erkor. Auf deutschem Boden wuchs weder eine Emilia noch ein Odoardo; hier forderte das vielleicht tragischeste Motiv der Weltgeschichte viel eher

einen Aristophanes als einen Sophokles heraus. Aber Lessing hätte nicht der Vorkämpfer der bürgerlichen Klassen sein müssen, um über ihre Schmach nicht viel mehr zürnen als spotten zu sollen. So mußte er, um die psychologischen Voraussetzungen seiner Fabel zu retten, die Handlung aus der langweilig-liederlichen Philisterwelt des Vaterlandes in das heißblütigere Volk zurückverlegen, aus dem die römische Virginia entsprossen war. Indessen die sozialen Lebensformen sind unter sonst gleichen Voraussetzungen niemals an die nationalen Schlagbäume gebunden; in dem zersplitterten Italien herrschte der Duodezdespotismus nicht minder, als in dem zersplitterten Deutschland. Unter feineren und gebildeteren Formen gewiß, Dank der alten Kultur des Landes, wie denn der Prinz von Guastalla und sein Kammerherr Marinelli noch ungleich andere Leute sind, als der durchschnittliche deutsche Landesvater und sein Hofmarschall Kalb[15]. Aber im Wesen der Sache blieb der Duodezdespotismus überall, was er war und was er sein mußte; eine Sühne für seine grotesk-schaurigen Schandthaten gab es nicht, und so anfechtbar immer die Tragik der Emilia erscheint, sie wurzelte in der ökonomischen Struktur der Gesellschaft, worin Lessings Gestalten leben und weben. Über diese Schranke konnte der Dichter nicht hinaus.«

(Mehring: Die Lessing-Legende. Eine Rettung. Stuttgart 1893. S. 349–352)

Wilhelm Dilthey (1833–1911) in »Das Erlebnis und die Dichtung« (1906):

»Die Charaktere des Prinzen, Marinellis, der Mutter Galotti, der Spitzbuben und Bedienten hat Lessing aus der genialen Beobachtung des Lebens um ihn her geschöpft. Seine Emilia ist eine große wahre Intuition. Sie ist das Geschöpf eines heißen südlichen Naturells, frühreifer Erfahrungen des Beichtstuhls und der Träume, die Guastala und sein Hof in einer so gearteten Natur hervorbrachten – zugleich aber ist sie ein rechtes Kind ihres Vaters: scheu, impressionabel, im ersten Momente widerstandslos und dann doch entschlossen und stark. Appiani, Odoardo empfangen das ihnen eigene Leben aus des Dichters Inneren und aus dem, was er an

15. aus Schillers »Kabale und Liebe«.

Freunden wie Kleist[16] und Gerstenberg[17] miterfahren hat. Sie sind von starkem Temperament und lebhaften Gefühlen, aber die feste dauernde Grundlage ihres Wesens ist ihre Rechtschaffenheit. Sie sind zutrauensvoll gegen Menschen ihrer Art und herb verschlossen gegen die Welt. Nach dem Plan seiner Handlung hat dann der Dichter diesen Zügen, die sein persönliches Ideal aussprachen, einen anderen hinzugefügt, der bei edlen Naturen, welche in der Machtsphäre der Selbstherrschaft leben, so leicht sich ausbildet. Der Despotismus übt einen lähmenden Einfluß auf sie. Sie trauen weder sich noch dem Weltlauf. In dieser engen und schlimmen Welt, in der sie existieren sollen, sind sie zur Passivität verurteilt. Sie haben das Handeln verlernt. So zögern sie ungeschickt und handeln vorschnell. Sie sind das, was dies Milieu aus vornehmen Seelen machen mußte. [...]

Das letzte abschließende Glied in der Verkettung, die zur Katastrophe hinführen sollte, war die Motivierung der Tat des Vaters. Soll man nun sagen, worin die Notwendigkeit derselben gegründet ist, so liegt sie in keinem äußeren Zwang der Lage, sondern in den Charakteren des Odoardo und der Emilia, und eben in dieser inneren Motivation konzentriert sich die tragische Kraft des Stückes. Hier tritt das Lebensideal Lessings in einer neuen Wendung hervor. Der Wert unseres Daseins liegt in letzter Instanz darin, daß wir im Gefühl der Independenz der Person, ihrer von jedem äußeren Schicksal unabhängigen Würde leben. Ein Zusatz zu dieser Charakterform in Odoardo und Emilia macht sie tragisch. In Odoardo ist eine exzentrische Stärke des moralischen Gefühls, wie es Lessing und die ganze Aufklärung erfüllt, verbunden mit einer ganz ungewöhnlichen Hilflosigkeit. Hieraus entspringt seine Fremdheit zu Frau und Tochter und ein ratloses Mißtrauen gegen alles um sich her, gegen jede Chance, die die Zukunft bieten möchte. Durch die Orsina aufs Äußerste gebracht, ist er in einem Fieber, das Wahnbilder erzeugt. In diesem Kopf nimmt die Wirklichkeit nun eine verzerrte Gestalt an. Vielleicht wäre er, auch wenn Emilia nicht spräche, zu einer Gewalttat geschritten. In dieser Verfassung findet ihn die Tochter. Sie hat vor kur-

16. Ewald Christian von Kleist (1715–59).
17. Heinrich Wilhelm von Gerstenberg (1737–1823), der Autor des »Ugolino«.

zem den Prinzen gesehen und der Zauber dieser Natur hat sich ihrer Einbildungskraft bemächtigt. Aber wie vermöchte sie nun das, was sie sich selbst nicht sagen kann und das sie in den Tod treibt, dem Vater gegenüber auszusprechen! Diese leidenschaftliche und doch schamhafte Seele öffnet sich jetzt ihm so wenig ganz als früher der Mutter.
Doch, auch wenn man Emiliens Worte an den Vater in der Schlußszene so auffaßt, bleibt genug Unbefriedigendes zurück. [...] In einem Moment, der noch von Blut trieft, gegenüber einem Manne, der eben die Ermordung ihres Bräutigams, wie sie weiß, verschuldete und sie jetzt gewaltsam, ihren Eltern offen Hohn sprechend, zurückhält, also da nach allen psychologischen Gesetzen das Freiheitsgefühl eines reinen Willens die größte Stärke, ja eine der ganzen Welt trotzende Stärke haben muß: wie sollte Emilia sich da vor der Wärme ihres Blutes, der Verführbarkeit ihrer Sinne fürchten? Nein, der Dichter fürchtet. Er, welcher hinter ihr steht mit seiner Einsicht in die Natur menschlicher Motivation, er flüstert ihr zu, daß kein abstrakter Wille imstande sein werde, diese jetzt jeden Nerv durchdringende heroische Seelenstimmung, wann sie erst einmal vor anderen Eindrücken gewichen sei, so mit dieser ganzen zweifellosen, unerschütterlichen Stärke wieder aufzurufen. Und so entsteht das unsere moralische Empfindung Verletzende dadurch, daß hinter der Maske des reinen und darum seiner Zukunft unbewußten, heroisch bewegten Mädchens der Dichter hervorblickt, welcher auf Grund solcher Einsicht in den Verlauf der Motivation, dem auch unsere am meisten heroischen Entschlüsse nicht entnommen sind, in ihre Zukunft hinausschaut: seine ernste Weisheit – vielleicht hat menschliche Weisheit keine ernstere, ja schmerzlichere Einsicht zu gewinnen als diese – rät ihr, lieber zum Dolch zu greifen als in den Händen des Prinzen zu bleiben, welches auch die festen Entschlüsse dieses Augenblicks sind.«

(Dilthey: Das Erlebnis und die Dichtung. Leipzig u. Berlin [11]1939. S. 80–84)

Heinrich Mann (1871–1950) in seiner Rede »Lessing« zum 150. Todestag:

»Die bürgerliche Umwälzung hatte innerlich begonnen, sobald bürgerliche Trauerspiele eine Menge Zuschauer fanden. Infolge dessen konnte sie auch im öffentlichen Leben eintreten, wenn auch noch nicht für Deutschland. Wir müssen festhalten, daß die politische Revolution in Deutschland 1789 noch nicht ausbrach. Die Denkenden gingen Wege, die von denen der französischen Geister nicht sehr verschieden waren, nur konnte hier nicht danach gehandelt werden. Die Hofdichtung konnte auch hier abgeschafft werden, der feudale Heroismus zog nicht länger, und die erkünstelten Gefühle der Vornehmen ergaben kein erfolgreiches Schauspiel mehr. Das Theater rührte fortan sein Publikum mit bürgerlichen Schicksalen, es mochte die Zeitgenossen sogar aufreizen, wie durch das Stück Lessings. In Wirklichkeit aber blieb alles beim Alten, und diese Tatsache der Wirklichkeit bestimmte mit vollem Recht auch die Schlußwendung des Stückes und seine Moral.

Denn in Emilia Galotti wird die Schuld nicht bestraft, und die Unschuld stirbt ungesühnt. Das ist dem Trauerspiel immer vorgeworfen worden, – aber verlief denn die Wirklichkeit anders? Wurde vielleicht in der Wirklichkeit ein unanständiger Fürst von seinen Untertanen zum Teufel geschickt? Das Höchste war schon, wenn er sich auf einen schuftigen Untergebenen ausredete und den Kammerherrn Marinelli eine Zeitlang vom Hofe verbannte. Mehr war nicht zu machen – im wirklichen Leben nicht, und daher auch nicht in dem Werk eines wahrheitsliebenden Mannes. Lessing ging in seiner Wahrheitsliebe noch weiter; er zog mit in Betracht, daß die Werbungen des Fürsten das Mädchen auf die Dauer nicht kalt lassen konnten. Sie liebte ihn nicht, aber natürlich meldete sich ihr Blut. Die Sache spielte im warmen Italien, in Deutschland hätte sie, nicht nur wegen der Kälte, nicht spielen dürfen. Die arme Emilia war doppelt bedroht, von fremder Gewalt und von ihren eigenen Sinnen. Das machte den Verlauf noch trauriger für die bürgerliche Ehre. Ihr Tod von der Hand ihres Vaters war eine Tat der Verzweiflung, mit tragischer Schuld und tragischer Sühne hatte er wenig zu tun. Dafür war er wahr. So sahen die bürgerlichen Trauerspiele im Leben aus.«

(Mann: Das öffentliche Leben. Berlin, Wien u. Leipzig 1932. S. 18 f.)

Der Literaturwissenschaftler Emil Staiger (* 1908) untersucht in seiner Studie über »Rasende Weiber in der deutschen Tragödie des 18. Jahrhunderts« die immer krassere Darstellung der Leidenschaft in der Literatur des 18. Jahrhunderts bis hin zum Sturm und Drang.

»[Die Orsina-Szene] duldet, während sie sich abspielt, keine vernünftige Würdigung; sie schlägt den selbstgefälligen Scharfsinn nieder und ist vorbei, bevor er sich wieder aufzurichten vermag. Wir haben auch keine Zeit, den Charakter zu analysieren; er fasziniert uns, stößt uns menschlich ab und zieht uns künstlerisch an, bevor wir wissen, worauf der Doppeleffekt beruht. Erst nachträglich sind wir imstande, uns darüber Gedanken zu machen und wahrzunehmen, welch ein einzigartiger Kunstverstand hier am Werk ist. Im Augenblick meinen wir, mit einer zwar völlig unbegreiflichen, aber vielleicht gerade deshalb unfehlbaren Methode verständigt zu werden. Und wir sind hingerissen! Der Dichter hat uns in einen Rausch von Neugier, Schrecken und grausamer Lust versetzt, für den wir gern auf die der Gesellschaft so nützlichen Aufmunterungen der zarteren Triebe und des Verstandes verzichten. Die Selbstherrlichkeit der Leidenschaft, auf die sich Lessing schon früh, wenngleich mit Vorbehalten, berufen hat, behauptet ihr ungeheures Recht; und ebenso die Selbstherrlichkeit der erstaunlichen Individualität. Die Individualität und die Leidenschaft durchbrechen die Gesamtstruktur des Dramas: Symbol der Emanzipation von der Autorität der Vernunft, Signal für eine Jugend, die gleichsam schon lange an Mangelkrankheiten leidet und nun auf einmal erkennt oder drastisch bestätigt findet, daß sie Passionen und unverwechselbar eigentümliches Menschenwesen entbehrt.«

(Staiger: Stilwandel. Studien zur Vorgeschichte der Goethezeit. Zürich u. Freiburg i. Br.: Atlantis 1963. S. 61 f.)

Hilde Spiel schreibt zu einer Inszenierung der »Emilia Galotti« am Theater in der Josefstadt in Wien, der letzten Arbeit des Regisseurs Fritz Kortner, in der »Frankfurter Allgemeinen Zeitung« am 4. Mai 1970:

»Wenn Fritz Kortner in hohen Jahren zum ersten Mal die ›Emilia Galotti‹ inszeniert, muß man sich zunächst nach den Gründen fragen. Was bewog ihn dazu, dieses Stück mit dem überholten Konflikt, dem unspielbaren letzten Akt, für unsere Zeit bühnenfähig machen zu wollen? Kann man den

Grad, in dem dies gelang, anders bemessen als an den Hürden und Hindernissen, die es zu überwinden galt?
Lessings Vorwurf stammt aus dem Altertum. Virginia, nach römischer Sage die jungfräuliche Tochter des Plebejers Virginius, wurde von ihrem Vater erstochen, als der Dezemvir Appius Claudius ihr nachstellte. Dieser Grundgedanke war 1772, als das ursprünglich ›Virginia‹ genannte bürgerliche Trauerspiel ›Emilia Galotti‹ uraufgeführt wurde, so akzeptabel wie im fünften vorchristlichen Jahrhundert. Zweihundert Jahre später erscheint er uns so fremd, als käme er von einem anderen Stern. Dazu die Art des Dénouements: Emilia, noch nicht einmal verführt, muß um ihre Tugend bangen; ihr eigenes heißes Blut, so fürchtet sie, mag bewirken, daß sie zur Konkubine des Prinzen wird. Sie überredet ihren Vater, sie zu erstechen. Er tut's und schiebt dem Prinzen, mit Billigung des Autors, die Verantwortung zu.
Heißt es nicht das Schicksal herausfordern, wenn man solches der Gegenwart plausibel machen will? Irgend etwas aber muß Kortner an diesem Niederschlag einer abgelebten Vorstellungswelt gereizt haben – ein Substrat, das übrigbleibt, nachdem das Handlungsgerüst seiner Überwucherungen entledigt und freigelegt worden ist. Am besten destilliert man dies, wenn man seinen Strichen und Umstellungen nachgeht. In der Bearbeitung, der Aufbereitung des Textes liegt ja bei ihm bereits die halbe Regie.
Es zeigt sich, daß Kortner im ersten der fünf Akte die Camillo-Rota-Szene vorverlegt hat, was ihr nichts an Signifikanz nimmt, aber den folgerichtigen Ablauf der Handlung – des Prinzen Fahrt zur Kirche, wo er Emilia begegnet, steht nun am Ende des Aktes – garantiert. Sodann sind, drastischste aller Kürzungen, die Meuchelmörder Pirro und Angelo völlig ausgemerzt worden. Die Verschwörung, wonach Emilias Wagen angefallen, ihr Verlobter Appiani erschossen, sie selbst in das Lustschloß des Prinzen gebracht wird, ist weder angekündigt noch kommentiert; sie wird zur Tat, während ihr Urheber Marinelli sie dem Prinzen erklärt. Den Schluß aber, jenen peinlichen fünften Akt, hat Kortner auf die vergleichsweise erträglichste Formel gebracht. Emilia, in seelischen Aufruhr geraten, führt die Hand des Vaters, zwingt seinen Dolch gegen die eigene Brust – darin mehr der gleichfalls römischen Lukretia ähnlich, die von Tarquinius

geschändet wurde und sich erstach, als der Virginia, die von ihrem Vater getötet wurde.
Was bleibt übrig, wenn das Rankenwerk gestutzt, die Intrige auf ein Minimum reduziert, der zitatgewordene Text – man horcht vergeblich nach Emilias Ausruf ›So werde die Haarnadel zum Dolche‹ – des allzu Zeitgebundenen entledigt wurde? Zwei entscheidende Elemente: die Chemie menschlicher Beziehungen und der gesellschaftliche Gärungsprozeß. Sieben Personen, Emilia, ihre Eltern, ihr Verlobter, der Prinz, seine Mätresse und sein Kammerherr, sind in ein fein gesponnenes Netz von Zusammenhängen verstrickt. Dies auszuleuchten, mit Geduld und psychologischem Feingefühl, ist der eine Auftrag des Stücks. Der andere: den sich vorbereitenden Aufstand des Bürgers gegen Fürstenwillkür zu illustrieren, wie Lessing ihn, fünfzehn Jahre vor der Französischen Revolution, elf vor Schillers ›Kabale und Liebe‹, als eigentliches Demonstrationsobjekt seines Trauerspiels sah.
So war ein Werk zu retten, das schon von Lessings Zeitgenossen als unzulänglich empfunden wurde, das unter anderen Goethe gegenüber Eckermann als ›schlecht und miserabel, verglichen mit den Alten‹ bezeichnet hat. Einen mittelmäßigen ›Klassiker‹ zu revitalisieren, ohne ihn einschneidend umzufunktionieren, mag heute nur einem Kortner gelingen. Kaum denkbar, daß ein anderer diese Figuren mit dem sparsamen Dialog, der ihnen hier belassen wurde, so deutlich zu machen vermöchte, uns ihr Lebensgefühl so überzeugend nahebringen könnte, durch schweigende Gesten, durch ihre stille Präsenz fast noch mehr als durch ihr gesprochenes Wort. Was an individuellen und gesellschaftlichen Spannungen zwischen Menschen besteht, das läßt sich offenbar in den Pausen am besten erhellen, an jenen scheinbar leeren und zerdehnten Stellen, die es in jeder Kortner-Inszenierung gibt.«

V. Texte zur Diskussion
Das bürgerlich-soziale Drama

Im 18. Jahrhundert entsteht als Reaktion auf die klassische Tragödie das sogenannte bürgerliche Trauerspiel, das anstelle der Schicksale von Königen und Heroen Geschehnisse des bürgerlichen Lebens zeigen will. George Lillo (1693–1739), der mit »The London Merchant: or the History of George Barnwell« (1731) am Anfang der Gattung steht, schreibt in der Vorrede zu dem genannten Drama:

»Wenn nur Fürsten u. ä. den Unglücksfällen unterworfen wären, die durch Laster und Schwäche – sei es ihre eigene, sei es die anderer – entstehen, dann hätte man einen guten Grund, tragische Charaktere nur aus den höheren Ständen zu nehmen, aber wo das Gegenteil offensichtlich ist, ist nichts vernünftiger, als dem Mißstand mit den entsprechenden Mitteln abzuhelfen.«

Mit »Miß Sara Sampson« (ersch. 1755) führt Lessing die neue Gattung in Deutschland ein. Inzwischen hat sich in Frankreich die Komödie über die ›comédie larmoyante‹ ebenfalls auf ein bürgerliches Drama hin entwickelt, dessen Theoretiker Denis Diderot (1713–84) wird, mit dessen Intentionen Lessing in vielen Punkten übereinstimmt. In seinen Unterhaltungen über sein Drama »Le Fils naturel« (von Lessing übersetzt) entwickelt Diderot eine Theorie des ›genre sérieux‹, einer Art von ›Mittelgattung‹, die ›ernsthafte‹ Lustspiele und ›bürgerliche Tragödien‹ umfaßt:

»Man sagt manchmal, es hat sich bei Hofe ein sehr lustiges Abenteuer, es hat sich in der Stadt[1] eine sehr tragische Begebenheit ereignet. Hieraus folgt also, daß die Komödie und Tragödie für alle Stände gehöret; nur mit diesem Unterschiede, daß Schmerz und Tränen weit öfter unter den Dächern der Untertanen als Munterkeit und Freude in den Palästen der Könige wohnen. Was ein Stück komisch, ernsthaft oder tragisch macht, ist nicht sowohl der Inhalt[1a] als der

1. ›La ville‹ ist seit dem Zeitalter Ludwigs XIV. der Gegenbegriff zu ›la cour‹, dem Hof. – Nach der herrschenden Auffassung, der sog. ›Ständeklausel‹ hatte die Tragödie Fürsten und Heroen, die Komödie die niederen Stände darzustellen.
1a. sujet; besser: der (dem höf. oder bürgerl. Leben entnommene) Stoff.

Ton, als die Leidenschaften, die Charaktere, das Interesse. [...]

›Aber wird uns diese Tragödie[1b] interessieren?‹

Das frage ich Sie. Sie ist uns näher; sie ist das Gemälde der Unglücksfälle, die uns umgeben. Wie? Sie begreifen nicht, wie stark eine wirkliche Szene, wie stark wahre Kleidungen, einfache Handlungen und diesen Handlungen angemessene Reden, wie stark Gefahren auf Sie wirken würden, ob welchen Sie notwendig zittern müßten, wenn Ihre Anverwandte, Ihre Freunde oder Sie selbst ihnen ausgesetzt wären? Eine gänzliche Glücksveränderung, die Furcht vor der Schande, die Folgen des Elends, eine Leidenschaft, die den Menschen ins Verderben, von dem Verderben zur Verzweiflung, von der Verzweiflung zu einem gewaltsamen Tode bringt, sind keine seltene Begebenheiten: und doch glauben Sie, daß Sie weniger dabei fühlen würden, als bei dem fabelhaften Tode eines Tyrannen, bei der Opferung eines Kindes [am Altar der Götter von Athen und Rom]?

›Welches aber werden die Stoffe zu dem ernsthaften Komischen sein, das Sie für einen neuen Zweig der dramatischen Gattung halten? Es gibt in der menschlichen Natur aufs höchste nur ein Dutzend wirklich komische Charaktere, die große Züge haben.‹ [...]

Das denke ich. Aber wissen Sie, was daraus folgt? – Daß man, eigentlich zu reden, nicht mehr die Charaktere, sondern die Stände[2] auf die Bühne bringen muß. Bisher ist in der Komödie der Charakter das Hauptwerk gewesen; und der Stand war nur etwas Zufälliges: nun aber muß der Stand das Hauptwerk, und der Charakter das Zufällige werden. Aus dem Charakter zog man die ganze Intrige. Man suchte durchgängig die Umstände, in welchen er sich am besten äußert, und verband diese Umstände untereinander. Künftig muß der Stand, müssen die Pflichten, die Vorteile, die Unbequemlichkeiten desselben zur Grundlage des Werks dienen. Diese Quelle scheinet mir weit ergiebiger, von weit größerm Umfange, von weit größerm Nutzen, als die Quelle der Charaktere. War der Charakter nur ein wenig übertrieben, so konnte der Zuschauer zu sich selbst sagen: das bin ich nicht. Das aber kann er unmöglich leugnen, daß der Stand[3],

1b. die neue ›bürgerliche‹ Tragödie.
2. conditions.
3. état.

den man spielt, sein Stand ist; seine Pflichten kann er unmöglich verkennen. Er muß das, was er hört, notwendig auf sich anwenden. [...]
Sagen Sie mir, sind die Pflichten der Stände, ihre Vorteile, ihre Unbequemlichkeiten, ihre Gefahren auf die Bühne gebracht worden? Ist das die Grundlage zu der Intrige, zu der Moral unserer Stücke? Oder zeigen uns vielleicht diese Pflichten, diese Vorteile, diese Unbequemlichkeiten, diese Gefahren die Menschen nicht täglich in den größten Verlegenheiten?
›Sie wollten also, daß man den Gelehrten, den Philosophen, den Kaufmann, den Richter, den Sachwalter[4], den Staatsmann, den Bürger,[5] den großen Herren, den Statthalter spiele?‹
Setzen Sie hierzu noch alle Verwandtschaften[6]: den Hausvater, den Ehemann, die Schwester, die Brüder. Den Hausvater[7]! Welch ein Stoff zu unsern itzigen Zeiten, wo man kaum die geringste Idee mehr hat, was ein Hausvater ist!
Bedenken Sie, daß täglich neue Stände entstehen. Bedenken Sie, daß uns vielleicht nichts unbekannter ist als die Stände, und daß nichts stärker interessieren sollte als sie. Jeder hat seinen gewissen Stand in der bürgerlichen Gesellschaft, jeder hat mit Menschen aus allerlei Ständen zu tun.
Die Stände! Wieviel wichtige Ausführungen[8], wieviel öffentliche und häusliche Verrichtungen, wieviel unbekannte Wahrheiten, wieviel neue Situationen sind aus dieser Quelle zu schöpfen. Und gibt es unter den Ständen nicht ebensowohl einen Kontrast als unter den Charakteren? Kann sie der Dichter einander nicht ebensowohl entgegensetzen?
Aber diese Stoffe gehören der ernsthaften Gattung nicht einzig und allein. Sie können komisch oder tragisch werden, nachdem das Genie ist, das sich damit abgibt.«

(Werke, Bd. 11, S. 140–151)

Im Dezember 1761 nimmt eine Würdigung der »Miß Sara Sampson« im »Journal étranger« solche Gedanken auf. Die

4. avocat.
5. bei Diderot noch: den Beamten, den Steuereinnehmer.
6. relations.
7. Der »Père de Famille« Diderots erschien 1758, ein Jahr nach Veröffentlichung der »Entretiens sur le fils naturel«.
8. détails importants.

Ehrfurcht, die die Namen von Königen und Helden erwecken, ist gerade der Teilnahme, die das Drama erwecken soll, hinderlich:

»Es ist dem Menschen eigen, sich nur über Geschehnisse zu betrüben, die seinesgleichen zustoßen. Dann sind Könige unseresgleichen aber nur durch die Gefühle der Natur und durch die Mischung von Gutem und Schlimmem, die alle Stände zu einem einzigen zusammenschließt, dem des Menschen. Die Verächter des bürgerlichen Trauerspiels sollen doch bedenken, daß auch bei den heroischsten Gegenständen es die allen gemeinsamen Leidenschaften sind, die uns stark bewegen. Nicht weil Iphigenie Tochter des Agamemnon und Klytemnästra Tochter des Tyndaros ist, rührt uns ihre Lage, sondern weil die eine die Tochter, die andere die Mutter ist. So verhält es sich mit allem, was das heroische Theater an Schrecklichem und Rührendem aufweist.«

(Vgl. Danzel, Bd. I, S. 473; Lessing paraphrasiert die Rezension im 14. Stück der Hamburgischen Dramaturgie.)

Ausdrücklich spielt die Diskussion des bürgerlichen Trauerspiels in der »Hamburgischen Dramaturgie« nur eine untergeordnete Rolle; auch in Lessings Tragödientheorie geht es jedoch um eine Verkürzung des Abstandes zwischen Zuschauer und Tragödienheld, der nicht mehr primär als Heros und Fürst bestaunt, sondern als Mensch bemitleidet werden soll:

»[Der wahre Dichter begnügt sich in der Tragödie nicht mit einer Häufung Abscheu oder Staunen erregender Ereignisse; er wird] vor allen Dingen bedacht sein, eine Reihe von Ursachen und Wirkungen zu erfinden, nach welcher jene unwahrscheinliche Verbrechen nicht wohl anders, als geschehen müssen. Unzufrieden, ihre Möglichkeit bloß auf die historische Glaubwürdigkeit zu gründen, wird er suchen, die Charaktere seiner Personen so anzulegen; wird er suchen, die Vorfälle, welche diese Charaktere in Handlung setzen, so notwendig einen aus dem andern entspringen zu lassen; wird er suchen, die Leidenschaften nach eines jeden Charakter so genau abzumessen; wird er suchen, diese Leidenschaften durch so allmähliche Stufen durchzuführen: daß wir überall nichts als den natürlichsten, ordentlichsten Verlauf wahrnehmen; daß wir bei jedem Schritte, den er seine Personen tun läßt, bekennen müssen, wir würden ihn, in dem nämlichen Grade der Leidenschaft, bei der nämlichen Lage der Sachen, selbst getan haben; daß uns nichts dabei befremdet, als die unmerkliche Annäherung eines Zieles, von dem unsere Vorstellungen zurückbeben, und an dem wir uns endlich, voll des innigsten Mitleids gegen die, welche ein so fataler Strom dahinreißt, und voll Schrecken über das Bewußtsein befinden, auch uns könne ein ähnlicher Strom dahin reißen, Dinge zu begehen, die wir bei kaltem Geblüte noch so weit von uns entfernt zu sein glauben.«

(32. Stück. Werke, Bd. 5, S. 145 f.)

»Es beruhet aber alles auf dem Begriffe, den sich Aristoteles von dem Mitleiden gemacht hat. Er glaubte nämlich, daß das Übel, welches der Gegenstand unsers Mitleidens werden solle, notwendig von der Beschaffenheit sein müsse, daß wir es auch für uns selbst, oder für eines von den Unsrigen, zu befürchten hätten. Wo diese Furcht nicht sei, könne auch kein Mitleiden stattfinden. Denn weder der, den das Unglück so tief herabgedrückt habe, daß er weiter nichts für sich zu fürchten sähe, noch der, welcher sich so vollkommen glücklich glaube, daß er gar nicht begreife, woher ihm ein Unglück zustoßen könne, weder der Verzweifelnde noch der Übermütige, pflege mit andern Mitleid zu haben. Er erkläret daher auch das Fürchterliche und das Mitleidswürdige, eines durch das andere. Alles das, sagt er, ist uns fürchterlich, was, wenn es einem andern begegnet wäre, oder begegnen sollte, unser Mitleid erwecken würde: und alles das finden wir mitleidswürdig, was wir fürchten würden, wenn es uns selbst bevorstünde. Nicht genug also, daß der Unglückliche, mit dem wir Mitleiden haben sollen, sein Unglück nicht verdiene, ob er es sich schon durch irgend eine Schwachheit zugezogen: seine gequälte Unschuld, oder vielmehr seine zu hart heimgesuchte Schuld, sei für uns verloren, sei nicht vermögend, unser Mitleid zu erregen, wenn wir keine Möglichkeit sähen, daß uns sein Leiden auch treffen könne. Diese Möglichkeit aber finde sich alsdenn und könne zu einer großen Wahrscheinlichkeit erwachsen, wenn ihn der Dichter nicht schlimmer mache, als wir gemeiniglich zu sein pflegen, wenn er ihn vollkommen so denken und handeln lasse, als wir in seinen Umständen würden gedacht und gehandelt haben, oder wenigstens glauben, daß wir hätten denken und handeln müssen: kurz, wenn er ihn mit uns von gleichem Schrot und Korne schildere. Aus dieser Gleichheit entstehe die Furcht, daß unser Schicksal gar leicht dem seinigen ebenso ähnlich werden könne, als wir ihm zu sein uns selbst fühlen: und diese Furcht sei es, welche das Mitleid gleichsam zur Reife bringe.«

(75. Stück. Werke, Bd. 5, S. 314 f.)

»Aristoteles [...] spricht von einem μιαρόν, von einem Gräßlichen, das sich bei dem Unglücke ganz guter, ganz unschuldiger Personen finde. Und sind nicht die Königin, Elisabeth, die Prinzen[9] vollkommen solche Personen? Was haben sie getan? wodurch haben sie es sich zugezogen, daß sie in den Klauen dieser Bestie sind? Ist es ihre Schuld, daß sie ein näheres Recht auf den Thron haben als er? Besonders die kleinen wimmernden Schlachtopfer, die noch kaum rechts und links unterscheiden können! Wer wird leugnen, daß sie unsern ganzen Jammer verdienen? Aber ist dieser Jammer, der mich mit Schaudern an die Schicksale der Menschen denken läßt, dem Murren wider die Vorsehung sich zugesellet und Verzweiflung von weiten nachschleicht, ist dieser Jammer – ich will nicht fragen, Mitleid? – Er heiße, wie er wolle – Aber ist er das, was eine nachahmende Kunst erwecken sollte?

Man sage nicht: erweckt ihn doch die Geschichte; gründet er sich doch auf etwas, das wirklich geschehen ist. – Das wirklich geschehen ist? es sei: so wird es seinen guten Grund in dem ewigen unendlichen Zusammenhange aller Dinge haben. In diesem ist Weisheit und Güte, was uns in den wenigen Gliedern, die der Dichter herausnimmt, blindes Geschick und Grausamkeit scheinet. Aus diesen wenigen Gliedern sollte er ein Ganzes machen, das völlig sich rundet, wo eines aus dem andern sich völlig erkläret, wo keine Schwierigkeit aufstößt, derenwegen wir die Befriedigung nicht in seinem Plane finden, sondern sie außer ihm, in dem allgemeinen Plane der Dinge suchen müssen; das Ganze dieses sterblichen Schöpfers sollte ein Schattenriß von dem Ganzen des ewigen Schöpfers sein; sollte uns an den Gedanken gewöhnen, wie sich in ihm alles zum Besten auflöse, werde es auch in jenem geschehen: und er vergißt diese seine edelste Bestimmung so sehr, daß

9. in der Tragödie »Richard III.« (1759) von Christian Felix Weiße (1726 bis 1804).

er die unbegreiflichen Wege der Vorsicht mit in seinen kleinen Zirkel flicht und geflissentlich unsern Schauder darüber erregt? – O verschonet uns damit, ihr, die ihr unser Herz in eurer Gewalt habt! Wozu diese traurige Empfindung? Uns Unterwerfung zu lehren? Diese kann uns nur die kalte Vernunft lehren; und wenn die Lehre der Vernunft in uns bekleiben[10] soll, wenn wir, bei unserer Unterwerfung, noch Vertrauen und fröhlichen Mut behalten sollen: so ist es höchst nötig, daß wir an die verwirrenden Beispiele solcher unverdienten schrecklichen Verhängnisse so wenig als möglich erinnert werden. Weg mit ihnen von der Bühne! Weg, wenn es sein könnte, aus allen Büchern mit ihnen!«

(79. Stück. Werke, Bd. 5, S. 329 f.)

Ausführlich setzt sich Lessing jedoch mit Diderots Forderung, Stände auf dem Theater zu zeigen, auseinander:

»Und wenn auch, sagt Palissot[11], der komischen Charaktere wirklich so wenige, und diese wenigen wirklich alle schon bearbeitet wären: würden die Stände denn dieser Verlegenheit abhelfen? Man wähle einmal einen; z. E. den Stand des Richters. Werde ich ihm denn, dem Richter, nicht einen Charakter geben müssen? Wird er nicht traurig oder lustig, ernsthaft oder leichtsinnig, leutselig oder stürmisch sein müssen? Wird es nicht bloß dieser Charakter sein, der ihn aus der Klasse metaphysischer Abstrakte heraushebt und eine wirkliche Person aus ihm macht? Wird nicht folglich die Grundlage der Intrige und die Moral des Stücks wiederum auf dem Charakter beruhen? Wird nicht folglich wiederum der Stand nur das Zufällige sein?

Zwar könnte Diderot hierauf antworten: Freilich muß die Person, welche ich mit dem Stande bekleide, auch ihren individuellen moralischen Charakter haben; aber ich will, daß es ein solcher sein soll, der mit den Pflichten und Verhältnissen des Standes nicht streitet, sondern aufs beste harmonieret. Also, wenn diese Person ein Richter ist, so steht es mir nicht frei, ob ich ihn ernsthaft oder leichtsinnig, leutselig oder stürmisch machen will: er muß notwendig ernsthaft und leutselig sein, und jedesmal es in dem Grade sein, den das vorhabende Geschäfte erfodert.

10. Wurzel fassen.
11. Charles Palissot de Montenoy (1730–1814), ein Kritiker Diderots.

Dieses, sage ich, könnte Diderot antworten: aber zugleich hätte er sich einer andern Klippe genähert; nämlich der Klippe der vollkommnen Charaktere. Die Personen seiner Stände würden nie etwas anders tun, als was sie nach Pflicht und Gewissen tun müßten; sie würden handeln, völlig wie es im Buche steht. Erwarten wir das in der Komödie? Können dergleichen Vorstellungen anziehend genug werden? Wird der Nutzen, den wir davon hoffen dürfen, groß genug sein, daß es sich der Mühe verlohnt, eine neue Gattung dafür festzusetzen und für diese eine eigene Dichtkunst zu schreiben?«

(86. Stück. Werke, Bd. 5, S. 356)

Die Diskussion darüber nimmt Herder in der 3. Sammlung seiner »Briefe zur Beförderung der Humanität« (1794) noch einmal auf:

»Leßings Emilia Galotti hat mich wieder einmal ins Theater gelockt; wie zufrieden ja gesättigt bin ich hinausgegangen! Ein Theaterstück muß gesehen, nicht gelesen werden: denn wenn es ist, was es seyn soll, so ist ja eben auf die Vorstellung alles berechnet. Ich kann mir nicht einbilden, daß wenn Stücke dieser Art, (aber auch keine andre als solche) wöchentlich nur Einmal, auf die leidlich-vollkommenste Weise gegeben würden, und diese Stücke lauter Stände und Situationen unsrer Welt, wie dieses, enthielten, das Publicum ungebildet, unerleuchtet bleiben könnte. [...]
Sie wissen, wieviel Diderot darauf hielt, daß *Stände* aufs Theater gebracht werden sollten, und was Leßing in seiner Dramaturgie dabei zu erinnern fand. Natürlich können Stände ohne bestimmte Charaktere auf dem Theater keine Wirkung thun; aber bilden sich die Charaktere der Menschen nicht in und nach Ständen? und welcher Stand hätte auf den Charakter mehr Einfluß, als der Stand eines Prinzen? Hier hatte also Leßing ein weites Feld, das *philosophische Allgemeine*, dadurch Aristoteles die Poesie von der nackten Geschichte unterscheidet, als Philosoph und Dichter zu bearbeiten. Er zeigt den Charakter des Prinzen in seinem Stande, den Stand in seinem Charakter, beide von mehreren Seiten, in mehreren Situationen. Nicht nur bringt er den Prinzen in seiner gegenwärtigen Gemüthsstimmung mit den verschiedensten Personen, [...] ja mit sich selbst in Gespräch und Handlung; er unterläßt auch keine Gelegenheit, in jeder dieser

Situationen eigentlich nach dem Ringe zu rennen, und wenn mir der Ausdruck erlaubt ist, das *Prinzliche* dabei zu charakterisiren. Niemand wird unverschämt gnug seyn, deßhalb das Stück eine Satyre auf die Prinzen zu nennen: denn nur *dieser* Prinz, ein Italiänischer, junger, eben zu vermählender Prinz ists, der sich diese Späße giebt und bei Marinelli andre zuläßt. Auch ist sein Stand, seine Würde, selbst sein persönlicher Charakter in Allem zart gehalten, und mit wahrer Freundlichkeit geschonet. Am Ende des Stücks aber, wenn der Prinz sein verächtliches Werkzeug selbst verachtend von sich weiset, und dabei ausruft: ›Gott! Gott! ist es zum Unglücke so mancher nicht genug, daß Fürsten Menschen sind; müssen sich auch noch Teufel in ihren Freund verstellen?‹ und die unschuldige Braut dabei im Blut liegt, der Vater, ihr Mörder, sich eben vor diesen Fürsten, als vor seinen Richter stellt, Marinelli, der Unterhändler dieses Gewerbes, sich noch bedenkt, den Dolch aufzuheben; wer ist, dem, wenn in solcher Situation der Vorhang sinkt, nicht noch andre Gedanken, außer dem den der Prinz sagt, in die Seele strömen? Nothwendig fragt man sich, wie wird das Gericht über den alten Odoardo ablaufen? wie lange wird Marinelli entfernt seyn? d. i. wie bald wird er, wenn sein Dienst abermals brauchbar ist, wiederkehren? u. f. [...]

Die alte Tragödie ging darauf hinaus, durch Darstellung unerwartet-schrecklicher Königsunfälle und Katastrophen die Urtheile der Menschen zu berichtigen, ihre Grundsätze zu sichern, und das poco piu und poco meno der Leidenschaften, der Furcht und des Mitleids, dem Zuschauer auf ächter Waage vorzuwägen. Die neuere Tragödie, wenn sie gleich ihren Bogen nicht so scharf spannen und ihre Käule so rasch schwingen kann, als die alte, hat dennoch mit ihr Einerlei Endzweck. Sie spricht zum innersten Gefühl, zur treuesten Ehrlichkeit des Menschen; die Übelthat kann sie auch jenseit der Gesetze[12] verfolgen, so wie das Lustspiel die Thorheit auch jenseit der Gesetze straft. Beide sind Sprecherinnen vor dem erhabensten Richterstuhl unsres Geschlechts, vor der *Humanität* selbst, und ventiliren, bescheinigen und gegenbescheinigen[13] vor ihr auf die schärfste, freieste Weise.«

(Herders Sämmtliche Werke. Hrsg. von Bernhard Suphan. Bd. 17. Berlin 1881. S. 182–185)

12. da, wo die Gesetze sie nicht ahnden.
13. Ausdrücke aus dem Gerichtswesen.

Bertolt Brecht (1898–1956) stellt in seiner Abhandlung »Über eine nichtaristotelische Dramatik« das Prinzip dieser Dramaturgie, daß der Zuschauer sich mit der Bühnenfigur als mit seinesgleichen identifiziert, in Frage:

»*Der Zuschauer des dramatischen Theaters sagt:* Ja, das habe ich auch schon gefühlt. – So bin ich. – Das ist nur natürlich. – Das wird immer so sein. – Das Leid dieses Menschen erschüttert mich, weil es keinen Ausweg für ihn gibt. – Das ist große Kunst: da ist alles selbstverständlich. – Ich weine mit den Weinenden, ich lache mit den Lachenden.
Der Zuschauer des epischen Theaters sagt: Das hätte ich nicht gedacht. – So darf man es nicht machen. – Das ist höchst auffällig, fast nicht zu glauben. – Das muß aufhören. – Das Leid dieses Menschen erschüttert mich, weil es doch einen Ausweg für ihn gäbe. – Das ist große Kunst: da ist nichts selbstverständlich. – Ich lache über den Weinenden, ich weine über den Lachenden. [...]
Die Einfühlung ist das große Kunstmittel einer Epoche, in der der Mensch die Variable, seine Umwelt die Konstante ist. Einfühlen kann man sich nur in den Menschen, der seines Schicksals Sterne in der eigenen Brust trägt, ungleich uns.
Es ist nicht schwer, einzusehen, daß das Aufgeben der Einfühlung für das Theater eine riesige Entscheidung, vielleicht das größte aller denkbaren Experimente bedeuten würde.
Die Menschen gehen ins Theater, um mitgerissen, gebannt, beeindruckt, erhoben, entsetzt, ergriffen, gespannt, befreit, zerstreut, erlöst, in Schwung gebracht, aus ihrer eigenen Zeit entführt, mit Illusionen versehen zu werden. All dies ist so selbstverständlich, daß die Kunst geradezu damit definiert wird, daß sie befreit, mitreißt, erhebt und so weiter. Sie ist gar keine Kunst, wenn sie das nicht tut.
Die Frage lautete also: Ist Kunstgenuß überhaupt möglich ohne Einfühlung oder jedenfalls auf einer andern Basis als der Einfühlung?
Was konnte eine solche neue Basis abgeben?
Was konnte an die Stelle von *Furcht* und *Mitleid* gesetzt werden, des klassischen Zwiegespanns zur Herbeiführung der aristotelischen Katharsis? Wenn man auf die Hypnose verzichtete, an was konnte man appellieren? Welche Haltung sollte der Zuhörer einnehmen in den neuen Theatern, wenn ihm die traumbefangene, passive, in das Schicksal ergebene

Haltung verwehrt wurde? Er sollte nicht mehr aus seiner Welt in die Welt der Kunst entführt, nicht mehr gekidnappt werden; im Gegenteil sollte er in seine reale Welt eingeführt werden, mit wachen Sinnen. War es möglich, etwa anstelle der Furcht vor dem Schicksal die Wissensbegierde zu setzen, anstelle des Mitleids die Hilfsbereitschaft? Konnte man damit einen neuen Kontakt schaffen zwischen Bühne und Zuschauer, konnte das eine neue Basis für den Kunstgenuß abgeben?

Ich kann die neue Technik des Dramenbaus, des Bühnenbaus und der Schauspielweise, mit der wir Versuche anstellten, hier nicht beschreiben. Das Prinzip besteht darin, anstelle der Einfühlung die *Verfremdung* herbeizuführen.

Was ist Verfremdung?

Einen Vorgang oder einen Charakter verfremden heißt zunächst einfach, dem Vorgang oder dem Charakter das Selbstverständliche, Bekannte, Einleuchtende zu nehmen und über ihn Staunen und Neugierde zu erzeugen. Nehmen wir wieder den Zorn des Lear über die Undankbarkeit seiner Töchter. Vermittels der Einfühlungstechnik kann der Schauspieler diesen Zorn so darstellen, daß der Zuschauer ihn für die natürlichste Sache der Welt ansieht, daß er sich gar nicht vorstellen kann, wie Lear nicht zornig werden könnte, daß er mit Lear völlig solidarisch ist, ganz und gar mit ihm mitfühlt, selber in Zorn verfällt. Vermittels der Verfremdungstechnik hingegen stellt der Schauspieler diesen Learschen Zorn so dar, daß der Zuschauer über ihn staunen kann, daß er sich noch andere Reaktionen des Lear vorstellen kann als gerade die des Zornes. Die Haltung des Lear wird verfremdet, das heißt, sie wird als eigentümlich, auffallend, bemerkenswert dargestellt, als gesellschaftliches Phänomen, das nicht selbstverständlich ist. Dieser Zorn ist menschlich, aber nicht allgemein menschlich, es gibt Menschen, die ihn nicht empfänden. Nicht bei allen Menschen und nicht zu allen Zeiten müssen die Erfahrungen, die Lear macht, Zorn auslösen. Zorn mag eine ewig mögliche Reaktion der Menschen sein, aber dieser Zorn, der Zorn, der sich so äußert und seine solche Ursache hat, ist zeitgebunden. Verfremden heißt also Historisieren, heißt Vorgänge und Personen als historisch, also als vergänglich darstellen. Dasselbe kann natürlich auch mit Zeitgenossen geschehen, auch ihre Haltungen können als zeitgebunden, historisch, vergänglich dargestellt werden.

Was ist damit gewonnen? Damit ist gewonnen, daß der Zuschauer die Menschen auf der Bühne nicht mehr als ganz unänderbare, unbeeinflußbare, ihrem Schicksal hilflos ausgelieferte dargestellt sieht. Er sieht: dieser Mensch ist so und so, weil die Verhältnisse so und so sind. Und die Verhältnisse sind so und so, weil der Mensch so und so ist. Er ist aber nicht nur so vorstellbar, wie er ist, sondern auch anders, so wie er sein könnte, und auch die Verhältnisse sind anders vorstellbar, als sie sind. Damit ist gewonnen, daß der Zuschauer im Theater eine neue Haltung bekommt. Er bekommt den Abbildern der Menschenwelt auf der Bühne gegenüber jetzt dieselbe Haltung, die er als Mensch dieses Jahrhunderts der Natur gegenüber hat. Er wird auch im Theater empfangen als der große Änderer, der in die Naturprozesse und die gesellschaftlichen Prozesse einzugreifen vermag, der die Welt nicht mehr nur hinnimmt, sondern sie meistert. Das Theater versucht nicht mehr, ihn besoffen zu machen, ihn mit Illusionen auszustatten, ihn die Welt vergessen zu machen, ihn mit seinem Schicksal auszusöhnen. Das Theater legt ihm nunmehr die Welt vor zum Zugriff.«

(Brecht: Gesammelte Werke in 20 Bänden. Bd. 15. Frankfurt a. M.: Suhrkamp 1967. S. 265 u. 300–303)

VI. Literaturhinweise

1. Ausgaben

Trauerspiele von Gotthold Ephraim Lessing. Miß Sara Sampson. Philotas. Emilia Galotti. Berlin, bey Christian Friedrich Voß. 1772. [Darin: Erstdruck der *Emilia Galotti.]*

Gotthold Ephraim Lessings sämtliche Schriften. Hrsg. von Karl Lachmann. Dritte, auf's neue durchges. und verm. Aufl. besorgt durch Franz Muncker. 23 Bde. Stuttgart/Leipzig/Berlin: Göschen / de Gruyter, 1886–1924. [Bd. 17–21: Briefe von und an Gotthold Ephraim Lessing.] – Unveränd. Nachdr. Berlin / New York: de Gruyter, 1979. [Zit. als: Schriften.]

Lessings Werke. Vollständige Ausgabe in 25 Teilen. Hrsg. von Julius Petersen und Waldemar von Olshausen. 20 Bde. Berlin [u. a.]: Bong, [1925–1935]. – Nachdr. Hildesheim / New York: Olms, 1970. [Zit. als: Werke.]

Gotthold Ephraim Lessing: Werke. In Zsarb. mit [. . .] hrsg. von Herbert G. Göpfert. 8 Bde. München: Hanser, 1970–79.

Gotthold Ephraim Lessing: Werke und Briefe in 12 Bänden. Hrsg. von Wilfried Barner [u. a.]. Bd. 1 ff. Frankfurt a. M.: Deutscher Klassiker Verlag, 1985 ff.

2. Bibliographien und Forschungsberichte

Muncker, Franz: Gotthold Ephraim Lessing. [Bibliographie.] In: Karl Goedeke: Grundriß zur Geschichte der deutschen Dichtung. Bd. 4. Abt. 1. Dresden 1916. S. 303–473.

Guthke, Karl S.: Der Stand der Lessing-Forschung. Ein Bericht über die Literatur von 1932–1962. Stuttgart 1965.

Guthke, Karl S.: Lessing-Literatur 1963–1968. In: Lessing Yearbook 1 (1969) S. 255 ff.

Lessing-Bibliographie. Bearb. von Siegfried Seifert. Berlin/Weimar 1973.

Guthke, Karl S.: Grundlagen der Lessing-Forschung. Neuere Ergebnisse, Probleme, Aufgaben. In: Wolfenbütteler Studien zur Aufklärung 2 (1975) S. 10–46.

Finken, Karl-Heinz: Lessing-Bibliographie 1979–1982. Veröffentlichungen in den Lessing-Jubiläumsjahren. In: Lessing Yearbook 17 (1985) S. 285–319.

Kuhles, Doris: Lessing-Bibliographie. 1971–1985. Unter Mitarb. von E. von Wilamowitz-Moellendorff. Berlin/Weimar 1988.

Albrecht, Wolfgang: Lessing-Forschung 1979–1983. Ein Literaturbericht auf der Grundlage ausgewählter Buchpublikationen aus der BRD und den USA. [Forts.] 1984–1988. Ein Literaturbericht auf der Grundlage ausgewählter Publikationen. In: Weimarer Beiträge 31 (1985) S. 670 bis 679; 36 (1990) S. 1164–80.

3. Leben, Werk, historisch-soziale Umwelt, Wirkungsgeschichte

Altenhofer, Norbert: Gotthold Ephraim Lessing. In: Deutsche Dichter. Leben und Werk deutschsprachiger Autoren. Hrsg. von Gunter E. Grimm und Frank Rainer Max. Bd. 3: Aufklärung und Empfindsamkeit. Stuttgart 1988. S. 184–232.

Bark, Joachim: Gotthold Ephraim Lessing. Leben und Werk. Stuttgart 1986.

Barner, Wilfried [u. a.] (Hrsg.): Lessing. Epoche – Werk – Wirkung. München 1975. 5., neu bearb. Aufl. 1987.

Bauer, Gerhard und Sybille: Gotthold Ephraim Lessing. Darmstadt 1968. (Wege der Forschung. 211.)

Bausteine zu einer Wirkungsgeschichte Gotthold Ephraim Lessings. Hrsg. von Hans-Georg Werner. Berlin/Weimar 1984.

Biedermann, Flodoard Frh. von: Gotthold Ephraim Lessings Gespräche nebst sonstigen Zeugnissen aus seinem Umgang. Berlin 1924.

Das Bild Lessings in der Geschichte. Hrsg. von Herbert G. Göpfert. Heidelberg 1981.

Braun, Julius W.: Lessing im Urtheile seiner Zeitgenossen. Zeitungskritiken, Berichte und Notizen, Lessing und seine Werke betreffend, aus den Jahren 1747–1781. 3 Bde. Berlin 1884–97. [Zit. als: Braun.]

Briegleb, Klaus: Lessings Anfänge. 1742–1746. Zur Grundlegung kritischer Sprachdemokratie. Frankfurt a. M. 1971.

Brock-Sulzer, Elisabeth: Gotthold Ephraim Lessing. Velbert 1967.

Danzel, Th. W. / Guhrauer, G. E.: Gotthold Ephraim Lessing. Sein Leben und seine Werke. 3 Bde. Leipzig 1850–54. [Zit. als: Danzel.]

Daunicht, Richard: Lessing im Gespräch. Berichte von Freunden und Zeitgenossen. München 1971.

Den einen Wahrheitssucher, den anderen Irreführer. Zeitschriftenmaterialien zur Wirkung Lessings im Jahrzehnt seines Todes. Zsgest. und komm. von Wolfgang Albrecht. In: Lessing Yearbook 23 (1991/92) S. 1 bis 67.

Dilthey, Wilhelm: Gotthold Ephraim Lessing. In: W. D.: Das Erlebnis und die Dichtung. Leipzig/Berlin 1906. [11]1939.

Drews, Wolfgang: Gotthold Ephraim Lessing in Selbstzeugnissen und Bilddokumenten. Reinbek bei Hamburg 1962.

Durzak, Manfred: Gesellschaftsreflexion und Gesellschaftsdarstellung bei Lessing. In: Zeitschrift für deutsche Philologie 93 (1974) S. 546–566.

– Zu Gotthold Ephraim Lessing. Poesie im bürgerlichen Zeitalter. Stuttgart 1984.

Dvoretzky, Edward (Hrsg.): Lessing. Dokumente zur Wirkungsgeschichte. 1755–1768. 2 Bde. Göppingen 1971–72.

Grimm, Gunter: Rezeptionsforschung als Ideologiekritik. Aspekte zur Rezeption Lessings in Deutschland. In: Über Literatur und Geschichte. Festschrift für Gerhard Storz. Frankfurt a. M. 1973.

– Lessing oder Die Freiheit eines unfreien Schriftstellers. In: Metamorphosen des Dichters. Hrsg. von G. G. Frankfurt a. M. 1992. S. 50–66.

Guthke, Karl S. / Schneider, Heinrich: Gotthold Ephraim Lessing. Stuttgart 1967. 3., erw. und überarb. Aufl. Stuttgart 1979.

Hildebrandt, Dieter: Lessing. Biographie einer Emanzipation. München/Wien 1979.

Hillen, Gerd: Lessing-Chronik. Daten zu Leben und Werk. München 1979.

Jacobs, Jürgen: Lessing. Eine Einführung. München/Zürich 1986.

Jens, Walter: In Sachen Lessing. Vorträge und Essays. Stuttgart 1983.

Jørgensen, Sven-Aage / Bohnen, Klaus / Øhrgaard, Per: Aufklärung, Sturm und Drang, frühe Klassik: 1740–1789. München 1990. (Geschichte der deutschen Literatur von den Anfängen bis zur Gegenwart. Begr. von Helmut de Boor und Richard Newald. Bd. 6.)

Lessing, Karl G.: Gotthold Ephraim Lessings Leben, nebst seinem noch übrigen literarischen Nachlasse. 3 Bde. Berlin 1793–95.

Lessing. Nachruf auf einen Aufklärer. Sein Bild in der Presse der Jahre 1781, 1881 und 1981. Hrsg. von Klaus Bohnen. München 1982.

Lessing in heutiger Sicht. Beiträge zur Internationalen Lessing-Konferenz, Cincinnati (Ohio) 1976. Hrsg. von E. P. Harris und R. E. Schade. Bremen 1977.

Lessing und die Zeit der Aufklärung. Vorträge gehalten auf der Tagung der Joachim-Jungius-Gesellschaft der Wissenschaften Hamburg. Göttingen 1968.

Lorey, Christoph: Lessings Familienbild im Wechselbereich von Gesellschaft und Individuum. Bonn [u. a.] 1992.

Mann, Otto: Lessing. Sein und Leistung. Hamburg 1949. ²1961.

Mehring, Franz: Die Lessing-Legende. Eine Rettung. Stuttgart 1893. – Neudr. Berlin 1963.

Michelsen, Peter: Der unruhige Bürger. Studien zu Lessing und zur Literatur des 18. Jahrhunderts. Würzburg 1990.

Nation und Gelehrtenrepublik. Lessing im europäischen Zusammenhang. Beitrag zur Internationalen Tagung der Lessing Society [...] 11.–13. Juli 1983. Hrsg. von W. Barner und A. M. Reh. Detroit/München 1984.
Oehlke, Waldemar: Lessing und seine Zeit. 2 Bde. München 1909. ²1929.
Riedel, Volker: Lessing und die römische Literatur. Weimar 1976.
Rilla, Paul: Lessing und sein Zeitalter. Berlin 1960. [Auch in: G. E. Lessing: Gesammelte Werke. Bd. 10. Berlin 1958.]
Ritzel, Wolfgang: Gotthold Ephraim Lessing. Stuttgart 1966.
Schmidt, Erich: Lessing. Geschichte seines Lebens und seiner Schriften. 2 Bde. Berlin 1884–92. ⁴1923.
Schnierle, Herbert: Gotthold Ephraim Lessing. Salzburg 1981.
Sichelschmidt, Gustav: Lessing. Der Mann und sein Werk. Düsseldorf 1989.
Stahr, Adolf: Gotthold Ephraim Lessing. Sein Leben und seine Werke. 2 Bde. Berlin 1859.
Steinmetz, Horst: Lessing – ein unpoetischer Dichter. Dokumente aus drei Jahrhunderten zur Wirkungsgeschichte Lessings in Deutschland. Frankfurt a. M. / Bonn 1969.
– Gotthold Ephraim Lessing. In: Deutsche Dichter des 18. Jahrhunderts. Ihr Leben und Werk. Unter Mitarb. von Fachgelehrten hrsg. von Benno von Wiese. Berlin 1977.
Strohschneider-Kohrs, Ingrid: Vernunft als Weisheit. Studien zum späten Lessing. Tübingen 1991.
Sturges, Beate: Lessing als Wegbereiter der Emanzipation der Frau. New York [u. a.] 1989.
Wiese, Benno von: Lessing. Dichtung, Ästhetik, Philosophie. Leipzig 1931.
Wölfel, Kurt (Hrsg.): Lessings Leben und Werk in Daten und Bildern. Frankfurt a. M. 1967.

4. Lessings Dramen, Dramentheorie, bürgerliches Trauerspiel

Barner, Wilfried: Produktive Rezeption. Lessing und die Tragödien Senecas. München 1973.
– Lessing als Dramatiker. In: Aufklärung in Deutschland. Hrsg. von Paul Raabe und Wilhelm Schmidt-Biggemann. Bonn 1979. S. 111–138.
Brüggemann, Fritz: Lessings Bürgerdramen und der Subjektivismus als Problem. Psychogenetische Untersuchung. In: Jahrbuch des Freien Deutschen Hochstifts 1926. S. 69–110. – Neudr. in: G. und S. Bauer: Gotthold Ephraim Lessing. Darmstadt 1968. S. 83–126.

Buck, Elmar: Die Dramaturgie des Dramatikers Gotthold Ephraim Lessing. Impulse und Praktiken seines dramatischen Schaffens. Diss. Hannover 1970.

Friedrich, Hugo: Lessings Kritik und Mißverständnis der französischen Klassik. In: Zeitschrift für deutsche Bildung 7 (1931) S. 601–611.

Grimm, Reinhold (Hrsg.): Deutsche Dramentheorien. 2 Bde. Frankfurt a. M. 1971.

– Lessing – ein Vorläufer Brechts? In: Lessing Yearbook 6 (1974) S. 36–58.

Guthke, Karl S.: Das deutsche bürgerliche Trauerspiel. Stuttgart 1972.

– Das bürgerliche Drama des 18. und frühen 19. Jahrhunderts. In: Handbuch des deutschen Dramas. Hrsg. von Walter Hinck. Düsseldorf 1980. S. 76–92.

Hillen, Gerd: Ideologie und Humanität in Lessings Dramen. In: Lessing Yearbook 1 (1969) S. 150–161.

– Die Halsstarrigkeit der Tugend. Bemerkungen zu Lessings Trauerspielen. In: Lessing Yearbook 2 (1970) S. 115–134.

Kommerell, Max: Lessing und Aristoteles. Untersuchung über die Theorie der Tragödie. Frankfurt a. M. 1940. 5. Aufl., mit Berichtigungen und Nachweisen. Frankfurt a. M. 1984.

McInnes, Edward: Lessing's *Hamburgische Dramaturgie* and the theory of the drama in the 19th century. In: Orbis litterarum 28 (1973) S. 293 bis 318.

Mann, Otto / Straube-Mann, Rotraut: Lessing-Kommentar. 2 Bde. München 1971.

Michelsen, Peter: Die Erregung des Mitleids durch die Tragödie. Zu Lessings Ansichten über das Trauerspiel im Briefwechsel mit Mendelssohn und Nicolai. In: Deutsche Vierteljahrsschrift für Literaturwissenschaft und Geistesgeschichte 40 (1966) S. 548–566.

Neumann, Peter Horst: Der Preis der Mündigkeit. Über Lessings Dramen. Stuttgart 1977.

Pikulik, Lothar: Bürgerliches Trauerspiel und Empfindsamkeit. Köln 1966.

Peter, Klaus: Stadien der Aufklärung. Moral und Politik bei Lessing, Novalis und Friedrich Schlegel. Wiesbaden 1980.

Pütz, Peter: Die Leistung der Form. Lessings Dramen. Frankfurt a. M. 1986.

Reh, Albert M.: Die Rettung der Menschlichkeit. Lessings Dramen in literaturpsychologischer Sicht. Bern/München 1981.

Schadewaldt, Wolfgang: Furcht und Mitleid? Zu Lessings Deutung des Aristotelischen Tragödiensatzes. In: Deutsche Vierteljahrsschrift für Literaturwissenschaft und Geistesgeschichte 30 (1956) S. 137–140. – Neudr. in: G. und S. Bauer: Gotthold Ephraim Lessing. Darmstadt 1968. S. 336–342.

Schrimpf, Hans Joachim: Lessing und Brecht. Von der Aufklärung auf dem Theater. Pfullingen 1965.

Schröder, Jürgen: Gotthold Ephraim Lessing. Sprache und Drama. München 1972.

Seeba, Hinrich C.: Die Liebe zur Sache. Öffentliches und privates Interesse in Lessings Dramen. Tübingen 1973.

Stockum, Theodorus Cornelis van: Lessing und Diderot. In: Neophilologus 39 (1955) S. 191–202.

Steinmetz, Horst: Aufklärung und Tragödie. Lessings Tragödien vor dem Hintergrund des Trauerspielmodells der Aufklärung. In: Amsterdamer Beiträge zur neueren Germanistik 1 (1972) S. 3–41.

Szondi, Peter: Die Theorie des bürgerlichen Trauerspiels im 18. Jahrhundert. Frankfurt a. M. 1973.

Ter-Nedden, Gisbert: Lessings Trauerspiele. Der Ursprung des modernen Dramas aus dem Geist der Kritik. Stuttgart 1986.

Walzel, Oskar: Lessings Begriff des Tragischen. In: O. W.: Vom Geistesleben in alter und neuer Zeit. Leipzig 1922. S. 232–261.

Weimar, Klaus: ›Bürgerliches Trauerspiel‹. Eine Begriffserklärung im Hinblick auf Lessing. In: Deutsche Vierteljahrsschrift für Literaturwissenschaft und Geistesgeschichte 51 (1977) S. 208–221.

Wierlacher, Alois: Das bürgerliche Drama. Seine theoretische Begründung im 18. Jahrhundert. München 1968.

5. Zu *Emilia Galotti*

Angress, R. K.: The generations in *Emilia Galotti*. In: The Germanic Review 43 (1968) S. 15–23.

Barner, Wilfried: ›Zu viel Thränen, nur Keime von Thränen.‹ Über *Miß Sara Sampson* und *Emilia Galotti* beim zeitgenössischen Publikum. In: Das weinende Saeculum. Collegium der Arbeitsstelle 18. Jahrhundert [. . .] 7.–9. Okt. 1981. Heidelberg 1983. S. 89–105.

Bauer, Gerhard: Gotthold Ephraim Lessing: *Emilia Galotti*. München 1987.

Bollacher, Martin: Tradition und Selbstbestimmung. Lessings *Emilia Galotti* in geistesgeschichtlicher Perspektive. In: Literaturwissenschaft und Geistesgeschichte. Festschrift für Richard Brinkmann. Hrsg. von einem Red.-Kollegium. Tübingen 1981. S. 99–118.

Braendlein, Hans P.: The dilemma of luxury and the ironic structures of Lessing's *Emilia Galotti* and Lenz's *The soldiers*. In: Studies on Voltaire and the eighteenth century 151 (1976) S. 353–362.

Brown, Christiane: »Der widerwärtige Mißbrauch der Macht« oder »Die

Verwandlungen der Leidenschaften in tugendhafte Fertigkeiten« in Lessings *Emilia Galotti*. In: Lessing Yearbook 17 (1985) S. 21–43.

Cowen, Roy C.: On the Dictates of Logic in Lessing's *Emilia Galotti*. In: The German Quarterly 42 (1969) S. 11–20.

Durzak, Manfred: Das Gesellschaftsbild in Lessings *Emilia Galotti*. In: Lessing Yearbook 1 (1969) S. 60–87.

Göbel, Klaus: Gotthold Ephraim Lessing. *Emilia Galotti*. Zur Didaktik des klassischen Dramas. 2., überarb. und erg. Aufl. München 1988.

Graf, Günter: Sprechakt und Dialoganalyse – Methodenansatz zur externen Drameninterpretation. Dargestellt an Lessings Trauerspiel *Emilia Galotti* und seinem sozialgeschichtlichen Kontext ›Bürgerliche Familie‹. In: Wirkendes Wort 42 (1992) S. 315–338.

Grimm, Gunter: Die zeitgenössische Rezeption von Lessings *Emilia Galotti*. In: G. G.: Rezeptionsgeschichte. Grundlegung einer Theorie. München 1977. S. 162–183; 322–329.

Hillmann, Heinz: Ungerechte Obrigkeit und Widerstandsrecht im Absolutismus. Von Lessings *Samuel Henzi* zur *Emilia Galotti*. In: »Sie, und nicht wir.« (Die Französische Revolution und ihre Wirkung auf Norddeutschland und das Reich.) 2 Bde. Hamburg 1989. Bd. 1. S. 87–106.

Jung-Hofmann, Christina: Politik und Moral in Lessings *Emilia Galotti*. In: Literatur für Leser (1987) S. 229–248.

Kettner, Gustav: Lessings Emilia Galotti und Richardsons Clarissa. In: Zeitschrift für den deutschen Unterricht 11 (1987) S. 442–461.

Kraft, Werner: Emilia Galotti. In: Neue Rundschau 72 (1961) S. 198 bis 232.

Kublitz, Maria: Maskierungen des weiblichen Sprechens. Eine feministische Lesart der *Emilia Galotti*. In: Diskussion Deutsch 20 (1989) H. 105. S. 4–18.

Lützeler, Paul Michael: Die marxistische Lessing-Rezeption (II). Darstellung und Kritik am Beispiel der *Emilia Galotti*-Interpretationen in der DDR. In: Lessing Yearbook 8 (1976) S. 42–60.

– Gotthold Ephraim Lessing: *Emilia Galotti* (1772). In: P. M. L.: Geschichte in der Literatur. Studien zu Werken von Lessing bis Hebbel. München/Zürich 1987. S. 15–39.

Meyer, Reinhart: *Hamburgische Dramaturgie* und *Emilia Galotti*. Studie zu einer Methode des wissenschaftlichen Zitierens, entwickelt am Problem des Verhältnisses von Dramentheorie und Trauerspielpraxis bei Lessing. Wiesbaden 1973.

Müller, Joachim: Lessings *Emilia Galotti*. In: J. M.: Wirklichkeit und Klassik. Beiträge zur deutschen Literaturgeschichte von Lessing bis Heine. Berlin 1955. S. 53–62.

Müller, Klaus-Detlef: Das Virginia-Motiv in Lessings *Emilia Galotti*.

Anmerkungen zum Strukturwandel der Öffentlichkeit. In: Orbis litterarum 42 (1987) S. 305–316.
Müller, Peter: Glanz und Elend des deutschen »bürgerlichen Trauerspiels«. Zur Stellung der *Emilia Galotti* in der zeitgenössischen deutschen Dramatik. In: Ansichten der deutschen Klassik. Hrsg. von H. Brandt und M. Beyer. Berlin 1981. S. 9–44.
Nolte, Fred Otto: Lessing's *Emilia Galotti* in the light of his *Hamburgische Dramaturgie*. In: Harvard studies and notes in philology and literature 19 (1938) S. 175–197. Ins Deutsche übers. in: G. und S. Bauer: Gotthold Ephraim Lessing. Darmstadt 1968. S. 214–244.
Nolting, Winfried: Die Dialektik der Empfindung. Lessings Trauerspiele *Miß Sara Sampson* und *Emilia Galotti*. Stuttgart 1986.
Petsch, Robert: Zur Psychologie der Emilia Galotti. In: Zeitschrift für den deutschen Unterricht 26 (1912) S. 529–536.
Reh, Albert M.: *Emilia Galotti*, »großes Exempel der dramatischen Algebra« oder »Algebra der Ambivalenz«? In: Lessing Yearbook 17 (1985) S. 45–64.
Rilla, Paul: Emilia Galotti. Hamburger Abgesang. In: Festschrift zum 225. Geburtstage von Gotthold Ephraim Lessing. Berlin 1954. S. 7–33.
Sanna, Simonetta: Lessings *Emilia Galotti*. Die Figuren des Dramas im Spannungsfeld von Moral und Politik. Tübingen 1988.
Schäublin, Peter: *Emilia Galotti*: die Szenen V,6 und 7 im Kontext. In: Sprachkunst 12 (1981) H. 1. S. 85–109.
Schulte-Sasse, Jochen: Aspekte einer kontextbezogenen Literatursemantik. Am Beispiel der *Emilia Galotti*. In: Historizität in Sprach- und Literaturwissenschaft. Vorträge und Berichte der Stuttgarter Germanistentagung 1972. Hrsg. von W. Müller-Seidel. München 1974.
– Literarische Struktur und historisch-sozialer Kontext. Zum Beispiel Lessings *Emilia Galotti*. Paderborn 1975.
– Das Opfer der Tugend. Zu Lessings *Emilia Galotti* und einer Literaturgeschichte der »Vorstellungskomplexe« im 18. Jahrhundert. Bonn 1983.
Stahl, Ernst L.: Lessing, *Emilia Galotti*. In: Das deutsche Drama vom Barock bis zur Gegenwart. Hrsg. von Benno von Wiese. Bd. 1. Düsseldorf 1958. S. 101–112.
Steinmetz, Horst: Verstehen, Mißverstehen, Nichtverstehen. Zum Problem der Interpretation, vornehmlich am Beispiel von Lessings *Emilia Galotti*. In: Germanisch-Romanische Monatsschrift 37 (1987) S. 387 bis 398.
– *Emilia Galotti*. In: Lessings Dramen. Interpretationen. Stuttgart 1987. S. 87–137.
Weber, Peter: Lessings *Emilia Galotti*. Zur Poetologie eines ›unpoetischen‹ Dichters. In: Weimarer Beiträge 27 (1981) H. 9. S. 57–73.

Werner, Hans-Georg: Über die Schwierigkeiten, mit der »dramatischen Algebra« von *Emilia Galotti* zurechtzukommen. In: Bausteine zu einer Wirkungsgeschichte Gotthold Ephraim Lessings. Berlin/Weimar 1984. S. 110–150.

– / Lerchner, Gotthard: Lessings *Emilia Galotti.* Prolegomena zu einer Interpretation. In: Zeitschrift für Germanistik 3 (1982) H. 1. S. 39–67.

Wierlacher, Alois: Das Haus der Freude oder Warum stirbt Emilia Galotti? In: Lessing Yearbook 5 (1975) S. 147–162.

Witte, Bernd: Iphigenie und Emilie. Kleine Etude über die Unvernunft der Aufklärung. In: Literatur in der Gesellschaft. Festschrift für Theo Buck zum 60. Geburtstag. Hrsg. von F.-R. Hausmann [. . .]. Tübingen 1990. S. 117–132.

Wittkowski, Wolfgang: Bürgerfreiheit oder -feigheit? Die Metapher des »langen Weges« als Schlüssel zum Koordinatensystem in Lessings politischem Trauerspiel *Emilia Galotti.* In: Lessing Yearbook 17 (1985) S. 65–87.

Inhalt